新版

アジアからの
グローバル経営論

小森正彦 著

文眞堂

はしがき

　これまで国際経営論は欧米を中心に発展してきた。わが国でもその理論がさまざまな形で紹介されてきたが，類書は高度に学術的なものが多いのが現状である。論文集や，理論研究の延長上にある書籍は，研究者の関心事ではあっても，初学者には利用困難である。そこで学生にも理解しやすいよう，基礎的内容をカバーした教科書を提供しようと試みたのが本書である。

　様式面の特徴は，図解で直感的理解を促し，ポイントを明示して，なるべく平易な解説を加えたことにある。厚さは薄く抑え，持ち歩いて眺めやすいようにした。要点やキーワードを明示しつつ，最低限学んでいただきたいポイントをおさえるようにした。

　筆者は日本の産業開発，地域振興／国際化の支援や，アジア新興国の政府機関の経営指導といった実務にも携わってきた。その意味で，視座は「アジアにおける日本」にある。従来国際経営論には「欧米からの移入理論」という性格が強かったが，本書では極力アジアの動向を紹介するよう努めた。一方専門の研究者には重要であっても，実際のビジネスではほとんど問題にされないような難解な理論や論点は，思い切って省いた。

　日本は理工系の人材を育て，製造技術を高め，生産拠点を世界に展開してきた。しかし最近はサービス経済化が進み，日本企業のアジア進出も非製造業が増えている。製造業もアフターサービスなどの「サービス活動」により付加価値を高めている。他方，文系の学生は非製造業への就職が多くなっている。このような状況を踏まえ，本書はサービス業も重視している。

　本書では必要最小限の事項を，なるべくわかり易く叙述するよう努めた。抽象的な総論を抑え，具体的な事例やアジアの近況を盛り込むようにした。国際経営に関心をもつ学生の皆さんをはじめ，MBAを志す方々や若手ビジネスパーソンにも，入門書としてご活用いただければありがたい。なお出版に際し

ては，文眞堂前野隆社長，前野弘太課長に大変お世話になり，感謝を申し上げたい。

グローバル経営論の立場

「国際経営論」に近い学問領域として，「多国籍企業論」がある。後者は経済学的な視点も交え，多国籍企業の行動を客観的に分析するものである。これに対し前者は，経営学の視点に立ち，国際的なビジネスについて，企業経営の内部から分析しようとするものである。グローバル経営論は両者を含み得るが，本書は主に前者に立脚している。神戸大学の吉原英樹名誉教授も，多国籍企業の標準的理論がなく，複数の理論を紹介するには叙述が長くなるため，多国籍企業の理論を著書から省かれている（吉原 2011）。

なお周辺領域には，「国際経済学」もある。マクロ状況の把握は重要だが，抽象的で初学者には難解な面もあり，後から追加的に学ぶこともできよう。

本書の構成

経営学のコアは，戦略論と組織論である。本書でも両者を中核としつつ，グローバル経営に関するポイントを整理し，順次並べてある。限られた紙面の中で，主要業種やアジア諸国の状況についても，要点を理解できるようにしてある。全体の流れは以下のようになっている。グローバル経営においては，マクロ（経済）・セミマクロ（産業）・ミクロ（企業）のフィットが重要と思われるが，最初は難しければ第6・7章をとばすなど，興味関心に応じ自由に読み進めていただいて構わない。

第1章 グローバルな経営環境 第2章 グローバル経営の基礎	⇒	第3章 グローバル戦略論 第4章 グローバル組織論 第5章 グローバル経営の各論	⇒	第6章 アジアの経済環境 第7章 アジアの産業概観 第8章 東南／南アジアの経営環境

国の略称

　なお本書ではアジアの国名が頻繁に出てくるため，図表などにおける国名の略称を以下のようにする。

日：日本，中：中国，蒙：モンゴル，韓：韓国，台：台湾，香：香港，星：シンガポール，馬：マレーシア，泰：タイ，尼：インドネシア，比：フィリピン，文：ブルネイ，越：ベトナム，柬：カンボジア，羅：ラオス，緬：ミャンマー，印：インド，錫：スリランカ，孟：バングラデシュ，泥：ネパール，巴：パキスタン

目　次

はしがき i

第1章　グローバルな経営環境 1
　第1節　世界とアジアの政治経済環境 1
　第2節　異文化における経営 5
　第3節　世界のグローバル企業 8
　第4節　アジア発のグローバル企業 11

第2章　グローバル経営の基礎 15
　第1節　直接投資 15
　第2節　グローカル 17
　第3節　I-Rグリッド 18
　第4節　グローバル企業の類型 20

第3章　グローバル戦略論 23
　第1節　戦略論 23
　第2節　グローバル戦略 25
　第3節　産業クラスター 27
　第4節　ブルーオーシャン戦略 29

第4章　グローバル組織論 31
　第1節　組織の発展形態 31
　第2節　人的資源管理 33

第3節　海外子会社との関係 37
　　第4節　O型／M型組織 39

第5章　グローバル経営の各論 42
　　第1節　グローバル財務 42
　　第2節　グローバル製品開発 44
　　第3節　グローバルマーケティング 45
　　第4節　サプライチェーンマネジメント 52
　　第5節　グローバルバリューチェーン 54
　　第6節　製造小売 56
　　第7節　地域統括会社 59
　　第8節　現地適応 60
　　　第1項　グローバリゼーション対ローカライゼーション 61
　　　第2項　現地適応の理論 62
　　第9節　異文化と経営上の諸問題 66
　　　第1項　ホフステッドの研究 67
　　　第2項　トロンペナールスの研究 69
　　　第3項　ハウスらの GLOBE Study 72
　　　第4項　メイヤーの研究 72
　　　第5項　その他関連調査 74
　　　第6項　異文化における経営 76

第6章　アジアの経済環境 83
　　第1節　直接投資 83
　　　第1項　日本からアジアへの対外直接投資 84
　　　第2項　アジアによるアジア域内の直接投資 87
　　　第3項　アジアから日本への対内直接投資 88
　　　第4項　アジアにおける直接投資の循環 89
　　第2節　付加価値貿易 90

第 1 項　アジア諸国の付加価値創出構造 90
　　　第 2 項　業種別の動向 92
　　　第 3 項　アジアの付加価値貿易 93

第 7 章　アジアの産業概観 101
　第 1 節　アジアの産業集積 101
　　　第 1 項　産業集積の状況 102
　　　第 2 項　国境地帯の現況 106
　　　第 3 項　物流ネットワーク 107
　第 2 節　在アジアの日系自動車産業 109
　第 3 節　在アジアの日系サービス業 111
　第 4 節　日本の産業空洞化 113
　第 5 節　製造業の国内回帰 115
　第 6 節　在日本の外資系企業 117

第 8 章　東南／南アジアの経営環境 120
　第 1 節　東南／南アジア概要 120
　第 2 節　シンガポール 122
　第 3 節　マレーシア 125
　第 4 節　インドネシア 128
　第 5 節　ブルネイ 131
　第 6 節　フィリピン 131
　第 7 節　ベトナム 133
　第 8 節　タイ 137
　第 9 節　カンボジア 140
　第 10 節　ラオス 141
　第 11 節　ミャンマー 142
　第 12 節　インド 146
　第 13 節　バングラデシュ 149

第 14 節　ネパール 150
　第 15 節　ブータン 151
　第 16 節　スリランカ 152
　第 17 節　モルジブ 154
　第 18 節　パキスタン 154
　　さらに学びたい人のために 157
　　【参考文献】... 157
索　　引 161

第1章　グローバルな経営環境

第1節　世界とアジアの政治経済環境

- 「**国際化**」は輸出やフランチャイズ／ライセンス契約の段階，「**多国籍化**」は対外直接投資により複数国に進出する段階をいう。さらに「**グローバル化**」とは，企業の経営活動が「地球規模」に拡大することをいう。グローバル化に際しては，世界的な視野で効率性を追求する「**グローバリゼーション**」と，各国の個別ニーズに対応する「**現地化**」努力とが，同時に求められることになる。
- アジアを巡り，TPP，RCEPなど**広域FTA**の交渉が行われている。
- ASEANの先には南アジア，さらには中東・アフリカ市場が拡がり，これらが経済的につながろうとしている。

　企業の海外事業展開において，まだ単なる「**輸出**」の段階に留まっている場合は，これを「**国際化**」という（図1-1）。最初は商社などを介して（**間接輸出**），その後自社で直接海外顧客へ（**直接輸出**），という発展経路が一般的だが，いずれもまだ「国際化」の段階にある。ライセンス契約やフランチャイズ契約も，ここに含まれる。ここで**ライセンス**契約とは，ロイヤルティの支払いを受け，商標や技術などの使用を許可するもので，「ハローキティ」のサンリオなどが活用している。また**フランチャイズ**契約とは，ロイヤルティの支払いを受け，商標やビジネスモデル・ノウハウなどを，特定地域で特定期間利用する権利を与えるもので，「ビアードパパ」の麦の穂などが採用している。

　海外で生産・販売などを展開するため，現地法人をいくつかの国で設けるようになると，これを「**多国籍化**」という。**対外直接投資**を複数国に対し行う段階である。投資側としては，現地の経営資源（ヒト，モノ，カネ，情報）を活

用し，現地ニーズにあった製品を生産することが目的である。また被投資側にも，技術・ノウハウを学習できる利点があるため，一般に新興国は直接投資を歓迎している。

さらに「**グローバル化**」とは，企業の経営活動が一国の枠や多国籍の状態を超え，地球（Globe）規模に拡大することをいう。日系企業の活動範囲も，アジア「地域」や欧米を含む「世界」規模に広がっている。大規模なグローバル企業では，母国の世界本社，アジアの地域統括会社，各国の海外子会社といった体制が整備される。生産・販売活動は，「**世界最適立地**」で行われるようになる。

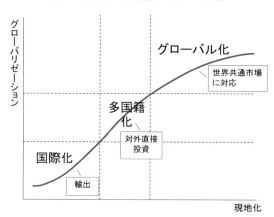

図 1-1　国際化／多国籍化／グローバル化

出所：徳永 2011 より作成。

実はそこでは，世界的な視野で効率性を追求する「**グローバリゼーション**」と，各国の個別ニーズに対応する「**現地化**」努力とが，同時に求められることになる。グローバル企業は，「二律背反」の追及を迫られているかのようである。

アジアは世界中が注目する一大生産拠点・販売市場に成長した。アジアを巡る広域 FTA は，図 1-2 のようになっている。あたかも世界主要国がアジアで「陣取り合戦」を行っているかの如くである。

このうち TPP（Trans-Pacific Strategic Economic Partnership Agreement：

環太平洋戦略的経済連携協定）は，米オバマ政権下で一連の交渉が進んでいたが，米トランプ政権が離脱を表明，残る 11 か国間で発効した。一方 ASEAN（Association of South East Asian Nations：東南アジア諸国連合）は，日中とともに RCEP（Regional Comprehensive Economic Partnership：東アジア地域包括的経済連携）を推進，2022 年に発効した。

図 1-2　アジアを巡る広域 FTA

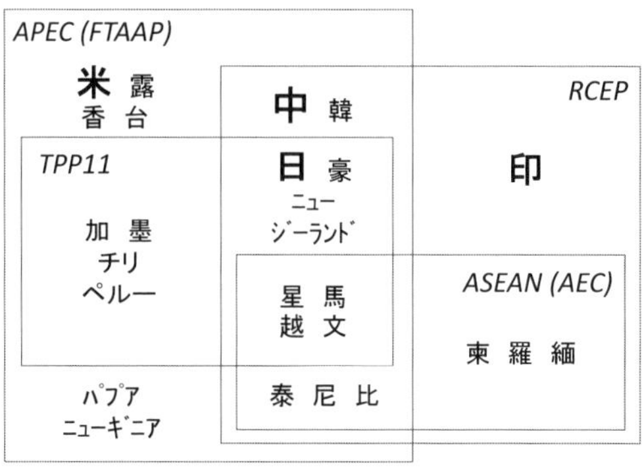

出所：各種報道より作成。

　地球儀でユーラシア大陸と北東アフリカを俯瞰すれば，四大文明（黄河，インダス，メソポタミア，エジプト）がこの領域で発展したことに思い至るだろう。その後政治経済の中心は，自転と逆方向の西へと移動していった。産業革命では欧州，大量生産方式では北米，ものづくりでは日本が一世を風靡した。その後「世界の工場」となった中国では人件費が高騰し，少子高齢化の問題もあり，「チャイナ+1」としての ASEAN が注目されている。さらにその先には**南アジア**や，富裕層のいる**中東**，人口増を迎える**アフリカ**が控えている。

　ASEAN には既に日系の中小企業も多数進出している。西アジアでは宗教的な紛争が絶えないが，日系大企業の眼は，南アジアやその先の中東・アフリカにも向き始めている。アパレルや**ハラルフード**など，日系企業による**グローバルバリューチェーン**の展開が注目される。

　東南アジア 10 か国からなる ASEAN は，政治経済に関する地域協力機構で

ある。人口規模は6億超と,EUやNAFTAを上回る規模である。2015年末には,**AEC**(ASEAN Economic Community:ASEAN経済共同体)が創設された。関税を撤廃し,市場を統合し,自由貿易地域を形成しようとするものである。これによりグローバル企業は,生産・販売などの事業活動を域内の最適立地で行えるようになる。

特にインドシナ半島では,アジア開発銀行の主導により,陸上交通網の「**経済回廊**」が,縦横につながってきている(図1-3)。その整備には日本の支援が寄与している。特に南部経済回廊は主な都市や港湾を繋いでおり,重要である。

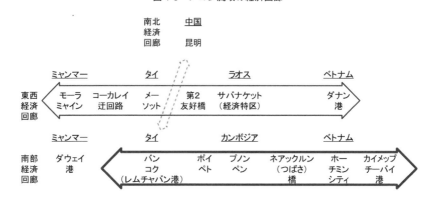

図1-3 メコン流域の経済回廊

出典:経済産業省 2009,各種報道より作成

華僑は人的ネットワークを活かしてビジネスを拡大してきた。ASEANでも**華人**が経済的な実権を握っているところが多い。

一方**南アジア**はまだ所得水準が低いが,約17億の人口が一層増えていく見込みで,グローバル企業が関心を持っている。宗教は複雑に入り組んでいるが,ごく単純化すれば,インドはヒンズー教,スリランカは仏教,バングラデシュやパキスタンはイスラム教が,中心的地位を占めている。

南アジア地域協力連合(SAARC:South Asian Association for Regional Cooperation)は,南アジアにおける比較的緩やかな地域協力の枠組みである。SAARCでは,南アジア諸国の経済社会開発及び文化面での協力などを目的としている。加盟国は8か国(インド,パキスタン,バングラデシュ,スリラン

カ，ネパール，ブータン，モルジブ，アフガニスタン）である。

　南アジアでは**印僑**が経済力を持っている。太古より貿易風を利用した交易が行われ，遠く東アフリカともつながっている。ケニアやタンザニアには，インド系のコミュニティが形成されている。

第2節　異文化における経営

・グローバル化に伴い，国・地域毎の「文化の違い」への配慮が重要となっている。
・組織文化は，日本と欧米，東南アジアでは異なる面が多く，差異を理解の上行動する必要がある。
・特に**コンテクスト**（場の状況）の共有に対する姿勢は，大きな違いを生む。

　企業のグローバル化に伴い，国・地域毎の「文化の違い」への配慮が重要となっている。ディズニーは1992年に「ユーロディズニー」を開園したが，フランス人が「米国流のやり方」を嫌ったため，当初は苦戦を強いられた。名称を「ディズニーランドパリ」に変更し，アルコール飲料を許可してワインを提供し，「白雪姫はバーバリアンの村に住んでいた」などとストーリーを欧州に合わせ，はじめて受け入れられることができた（岩谷 2005）。

　コンサルタントのトロンペナールスらは，各国における人と人との関係，自然環境との関係，時間感覚などを調べ，**組織文化**を4つに分類した（図1-4）。このうち「誘導ミサイル」はプロジェクト志向，「エッフェル塔」は役割志向，「インキュベーター」は達成志向，「家族」は権力志向の組織文化である。国を例示すると，英米は誘導ミサイル，仏伊はエッフェル塔，スウェーデンはインキュベーター，日本は家族に分類されている。直感的に解りやすいので紹介する（第5章第9節で詳述）。

図 1-4　組織文化のモデル

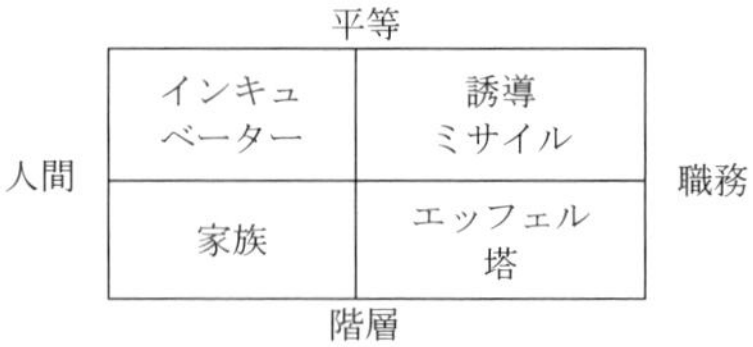

```
              平等
        ┌─────────┬─────────┐
        │インキュ  │誘導     │
        │ベーター │ミサイル │
  人間  ├─────────┼─────────┤ 職務
        │家族     │エッフェル│
        │         │塔       │
        └─────────┴─────────┘
              階層
```

出所：Trompenaars and Hampden-Turner 1998.

　古典的な調査としては，ホフステッドが 1968 年・72 年の 2 回，IBM の 40 か国の現地法人職員にアンケート調査を行い，4 つの指標を抽出した。この結果,「権力格差」(上司の専制度など) が大きいのは東南アジアなど (北欧は小),「不確実性回避」が高いのは，日韓，欧 (ラテン系), 羅米など (低いのは北欧, 東南アジアなど),「個人主義」が強いのは英米 (「集団主義」が強いのは東南アジアなど),「男性度」(昇進志向など) が高いのは日本, スイス, イタリアなど (「女性度」が高いのは北欧など) であった。全般に北欧は日本の対極に位置する傾向にある。一例として,「部下が仕事について提起しそうな質問に対し, マネージャーは正確な答えを用意しておくことが大切か」という問いに関し, スウェーデン人は 1 割しか同意しなかったが, 日本人は 8 割が同意したという。

表 1-1　組織文化による国際競争上の優位性

	小	大
権力格差	責任の所在が明確	規律
不確実性回避	革新	正確
個人主義	従業員のコミットメント	経営の機動性
男性度	個人対応	効率性
長期志向	適応が迅速	新規市場開拓

出所：Hofstede 1991.

　さらにその後の「世界価値観調査」で追加された,「長期／短期志向性」では, 東アジア諸国の「長期志向性」が明らかになり,「儒教的価値観」(秩序, 肩書, 忍耐, 倹約, 恥など) が高度成長に寄与したと分析されている。これらは表 1-1 の如く, 国際競争上の優位性とも関連している。

　さらにホフステッドは異文化の受容に関し, ①多幸症期 (ハネムーン), ②

カルチャーショック（いらだちと敵対心），③文化変容（段階的適応），④安定状態（バイカルチャリズム：二つの異文化間で効果的に活動可）という段階を経るという説を唱えた（図1-5）。

図1-5 異文化の受容プロセス

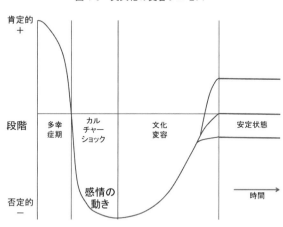

出所：Hofstede 1991.

例えば日本人が海外に赴任する際には，「異文化適応」の問題で**カルチャーショック**が発生する。海外赴任直後，慣れぬ仕事と生活がストレス過剰となり，心身の調子を崩す人も多い。せっかく現地に慣れても，帰国時に再び，日本の長時間労働や通勤，保守的な組織風土などにより，**リエントリーショック（逆カルチャーショック）**を受ける人もいる。大企業が駐在員を派遣する場合，各種手当や税金なども考えると，一人当たり年間数千万円のコストがかかるといわれる。そのような人材を戦力にできなければ，会社としては大きな損失である。

特に**コンテクスト**（場の状況）の共有に対する姿勢は大きな違いを生む（図1-6）。日本は高コンテクスト文化で，「空気を読む」ことが必要だが，「あうんの呼吸」も成り立つ。逆に低コンテクスト文化の国では，自己主張の苦手な日本人は軽んじられることもある。

図 1-6 情報伝達に占めるコンテクストの比重の違い

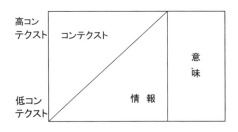

出所：Hall 1976.

　日本は世界でも有数のハイコンテクストの国で，中国やアラブが続く。ローコンテクストなのは欧米諸国（特にドイツ系スイス，ドイツ，スカンジナビア）とされている。

　最近は，日本企業でもグローバル人材が増えている。楽天，ファーストリテイリングなど，英語を社内公用語にするところもある。一部企業では外国人社長もみられる。ただし色々難しい面もあるようで，日本板硝子，オリンパス，ソニーは，一旦外国人社長となった後，日本人社長に戻している。

　日本国内が就職難のため，初めての就職先をアジアで探す人もいる。ストレスは多く，精神的に厳しい面もあるが，職業経験や人的ネットワーク，異文化コミュニケーションといった観点からは，後々有用な経験となることだろう。

第 3 節　世界のグローバル企業

・世界にはさまざまな**グローバル企業**があり，各業界でシェアを競い合っている。
・自動車・部品では日本企業が活躍している。一方電気機械などでは，韓国や中国の企業が上位に入ってきている。非製造業では，IT 関連分野などで新しい企業が生まれている。

　世界にはどのようなグローバル企業があるのだろうか。各業界で世界シェア

の大きな企業をみてみよう（表1-2）。

自動車・部品では日本企業が活躍している。一方電子製品などの電気機械では，韓国や中国の企業が上位に入ってきている。非製造業ではIT関連分野などで，新しい企業が生まれている。

皆さんは全社の国籍を言い当てられるだろうか。実際には聞きなれない会社が多いと思われるので，ウェブサイトを検索してみよう。**アニュアルレポート**（年次報告書）や**IR**（Investor Relations：投資家関連）情報などをみれば，概要をつかめるだろう。

表1-2 世界のグローバル企業

自動車	トヨタ自動車　ゼネラルモーターズ　フォルクスワーゲン　ルノー日産アライアンス　現代起亜自動車　フォードモーター　フィアット　本田技研工業　PSAプジョーシトロエン　スズキ
自動車部品	ロバートボッシュ　デンソー　コンチネンタル　マグナインターナショナル　アイシン精機
二輪車	本田技研工業　ヒーローモトコープ　ヤマハ発動機　バジャジオート　スズキ
防衛宇宙	ロッキードマーティン　ボーイング
建設機械	キャタピラー　コマツ　ボルボ建設機械　日立建機　リープヘル
携帯電話	サムスン電子　ノキア　アップル　中興通訊　LGエレクトロニクス　華為技術　TCL通信科技　リサーチインモーション　モトローラ
パソコン	ヒューレットパッカード　レノボ　デル　エイサー　エイスース
半導体	インテル　サムスン電子　テキサスインスツルメンツ　東芝　ルネサスエレクトロニクス　クアルコム　STマイクロエレクトロニクス
総合電機	サムスン電子　鴻海精密工業　日立製作所　パナソニック　シーメンス　ソニー　東芝　富士通　三菱電機　LGエレクトロニクス
太陽電池	サンテックパワー　ファーストソーラー　JAソーラー　インリーグリーンエナジー
食品	ネスレ　クラフトフーズ　タイソンフーズ　JBS　ダノン　ゼネラルミルズ　ケロッグカンパニー
ビール	アンハイザーブッシュインベブ　SABミラー　ハイネケン　カールスバーグ　華潤創業　青島ビール

タバコ	フィリップモリス　ブリティッシュアメリカンタバコ　日本たばこ産業
医薬品	ファイザー　ノバルティス　メルク　ロシュ　サノフィ　グラクソスミスクライン
石油	エクソンモービル　ロイヤルダッチシェル　中国石油化工集団　BP　中国石油天然気
金属資源	BHPビリトン　リオティント　ヴァーレ　エクストラータ　アングロアメリカン
鉄鋼	アルセロールミタル　新日鐵住金　河北鋼鉄集団　宝鋼集団　ポスコ
紙パルプ	インターナショナルペーパー　プロクター&ギャンブル　スベンスカセルローサ　ストラエンソ　王子HD
化学	BASF　ダウケミカル　中国石油化工集団　エクソンモービル　サウジ基礎産業公社
建設	中国中鉄　中国鉄建　中国建設工程　バンシ　中国交通建設　グルポACS　ホッホティーフ　ブイグ
ホテル	インターコンチネンタルホテルズ　マリオットインターナショナル　ヒルトンワールドワイド　ウィンダムホテル　アコー　チョイスホテルズ　スターウッドホテルズ&リゾーツ　ベストウェスタン　上海錦江国際酒店
航空	ユナイテッド　デルタ　アメリカン　エミレーツ　ルフトハンザ　サウスウェスト　エールフランス　中国南方航空　ブリティッシュエアウェイズ　カンタス
航空貨物	フェデックス　UPS
海運	マースクライン　MSC　CMA-CGM　中国遠洋運輸集団　ハパグロイド　エバーグリーン
高級ブランド	LVMHモエヘネシールイヴィトン　リシュモン　スウォッチ　ケリング　ラルフローレン
小売	ウォルマートストアーズ　カルフール　テスコ　メトロ　クローガー
専門店	ウォルグリーン　ホームデポ　CVSケアマーク　ベストバイ　ロウズ　イケア
アパレル	TJXカンパニーズ　インディテックス　H&M　ギャップ　オットー　リミテッドブランズ　ファーストリテイリング
外食	マクドナルド　ヤムブランズ　ドクターズアソシエイツ　セブン&アイ　スターバックス　ウェンディーズ　ダンキンブランズ
移動通信	中国移動通信　ボーダフォン　アメリカモビル　バルティエアテル　テレフォニカ

通信	日本電信電話　AT&T　ベライゾンコミュニケーションズ　中国移動通信
検索エンジン	グーグル　ビング　ヤフー　百度
ソフトウェア	IBM　マイクロソフト　ヒューレットパッカード　オラクル　アクセンチュア
ゲーム	ゲームストップ　マイクロソフト　任天堂　アクティビジョンブリザード　ソニーコンピュータエンタテインメント
クレジットカード	ビザ　マスターカード　アメリカンエキスプレス　JCB　ディスカバー　ダイナース
会計事務所	プライスウォーターハウスクーパース　デロイトトウシュトーマツ　アーンスト＆ヤング　KPMG
保険	バークシャーハサウェイ　アクサ　アリアンツ　ゼネラリ　日本生命保険　ミュンヘン再保険　明治安田生命保険　アメリカンインターナショナル　メットライフ　日本郵政
銀行	ドイツ銀行　三菱UFJ　HSBC　BNPパリバ　中国工商銀行　クレディアグリコル　バークレイズ　ロイヤルバンクオブスコットランド　JPモルガンチェース　バンクオブアメリカ

出所：グローバル企業調査会 2013 より作成（世界シェア順）。

第4節　アジア発のグローバル企業

- アジアのグローバル企業は，多くが華人系企業で，**華人ネットワーク**を活用し，事業を拡大させてきた。
- **コーポレートガバナンス**上の課題もあったが，最近は改善している。

　アジア発のグローバル企業は，その多くが異分野に多角化した**コングロマリット**で，各国において**財閥**を形成している（表1-3）。韓国の財閥系企業を除くと，多くが**華人系**企業である。概して前者は製造業，後者は貿易や不動産などの非製造業を得意としている。
　創業時は家族経営の同族企業的な色彩が強かった（特に客家は同族以外を信用しない傾向があるとされる）が，アジアや世界に広がる**華人ネットワーク**を

活用し，事業を拡大させてきたところが多い。これらの企業は**意思決定**が迅速で，**リスクテイク**力もある反面，**コーポレートガバナンス**（企業統治）上の課題を指摘されてきた。

しかし第2世代，第3世代ともなると，欧米への留学や他企業での勤務経験などを経て，合理的な経営管理を行う経営者が増えている。優秀な外部の専門経営者や外国人のアドバイザーを採用し，**コーポレートガバナンス**や**外部監視**の仕組みを導入して，近代的な経営を志向するようになっている。

表 1-3　アジア発のグローバル企業

韓国
三星（サムスン） 戦前は旧満州関連，朝鮮戦争時は米軍の援助物資配給に従事し成長。エレクトロニクス，電気機械，重工業，石油化学，建設，商社，保険などの事業を傘下に置く，韓国最大の財閥。サムスン電子はスマートフォン（ギャラクシー）が主力商品に成長。創業者一族の多くは日米への留学経験があり，トップダウン型の経営を推進。（李家）
現代（ヒュンダイ） 朝鮮戦争時に米軍の飛行場建設などで現代建設が成長。韓国最大級の財閥となったが，経済危機で解体。このうち主力の現代自動車は北米ほかで，また傘下の起亜自動車はアジア新興国で販売を強化。そのほか重工業や百貨店などの事業も。（鄭家）
LG（ラッキーゴールドスター） 釜山発祥，総合化学メーカーに発展。金星社は日立，松下，東芝と提携。エレクトロニクスなどが主力。（具家，許家）

台湾
台塑 プラスチックなど石油化学を中核とする，単独では台湾最大の民間企業。（王家）
頂新 食品，菓子など。グループ企業の康師傅（カンシーフ）はインスタントラーメンで中国首位。
統一（プレジデント） 食品を中心に，流通業などを展開。ヤマト運輸，セブンイレブン，阪急百貨店，スターバックスほかと提携し，台湾で同種の事業を展開。
巨大機械工業（ジャイアント） マウンテンバイクなど，自転車生産で世界一。
TSMC（台湾セミコンダクターマニュファクチャリング） 世界最大級のファウンドリー（受託生産専門会社）。世界のパソコンメーカーがファブレス化する中で，半導体チップを受託生産し，世界中に提供。

宏碁（エイサー）
　　ノートパソコンと周辺機器を製造。OEM事業も幅広く展開。BenQなどがスピンオフ。
華碩電脳（エイスース）
　　ノートパソコンと周辺機器を製造。受託製造のペガトロンテクノロジーがスピンオフ。
宏達國際電子（HTC）
　　スマートフォン製造。世界初のAndroid端末を発売。
長栄（エバーグリーン）
　　海運を中心に，航空，ホテルなどを運営。

香港

長江実業（チュンコン）
　　ホンコンフラワー（プラスチックの造花）で大儲けし，その後不動産事業などを展開。和記黄埔（ハチソンワンポア：港湾など）や電力会社も傘下に。（李家）
新世界発展（ニューワールド）
　　不動産開発，通信，ホテル，百貨店などを展開。（鄭家）

シンガポール

ST（シンガポールテクノロジーズ）エンジニアリング
　　エンジニアリング，航空宇宙，防衛産業など。テマセクの出資する政府系企業。
豊隆（ホンリョン）
　　金融，不動産，ホテルなど。マレーシアでも企業グループを形成。

マレーシア

郭兄弟（クォク）
　　製糖で成功，現在は不動産，ホテルなど。
雲頂（ゲンティン）
　　高原リゾートでホテル事業を始め，カジノなども展開。

タイ

CP（チャルーンポーカパン）
　　種苗，養鶏，飼料から食品，流通，不動産，石油，通信などへ多角化。CPセブンイレブンをフランチャイズ展開。

インドネシア

サリム
　　食品，農業，金融，不動産など。

フィリピン

ルシオタン

タバコ，ビール，航空，金融など。

インド

タタ

ペルシャ系コミュニティ「パルシー商人」発祥。製鉄，自動車，電力，ホテルなど。タタコンサルタンシーサービシズほか，インド最大の財閥。

リライアンス

西部「グジャラーティ商人」系，イエメンへの出稼ぎに始まり，ガンジー政権下で成長。その後企業分割し，兄のリライアンスグループは石油化学・繊維ほか，弟のリライアンスコミュニケーションは通信・金融・電力ほか。

ビルラ

西部「マルワリ商人」（英東インド会社の現地エージェント）系，第一次世界大戦で成長。貿易，自動車，機械，繊維，化学，海運ほか。

バジャジ

西部「マルワリ商人」系。製糖，鉄鋼，二輪車ほか。

マヒンドラ

パンジャブ系。トラクター，自動車ほか。

インフォシス

ITコンサルティングなど。ベンガルールの本社は大学のキャンパスのよう。

ウィプロ

ITコンサルティングなど。

出所：各社ウェブサイト，各種報道より作成。

第 2 章　グローバル経営の基礎

第 1 節　直接投資

- **直接投資**とは，企業が海外で事業を遂行するために行う投資のことをいう。海外企業の経営を支配し，利益を獲得する目的である。
- 直接投資には，**グリーンフィールド投資**，**M＆A**，**合弁**事業という形態がある。
- 最近は技術開発や調達・生産，市場開拓などのために，より緩やかな「**戦略的提携**」がよく利用されている。

直接投資

　何故企業は事業の国際展開を進めるのだろうか。海外では現地企業と競争せねばならず，外国企業は不利なのに，何故あえて海外に進出し，現地企業に代わり事業を行おうとするのだろうか。この問いに多くの研究者が挑んできたが，すべてのパターンを説明できる定説はなく，複雑な要因をにらみつつ総合的に考えていく必要がある。

　直接投資とは，企業が海外で事業を遂行するために行う投資のことをいう。海外企業の経営を支配し，利益を獲得する目的である。統計上は，企業の株式の 10％以上の取得にあたる。これに対し**間接投資**は，余資の運用手段としての投資で，株式の値上がり益や配当金が目的である。統計上は，10％未満の株式取得にあたる。**ポートフォリオ投資（証券投資）**とも呼ばれる。

　直接投資が行われると，事業開始に必要な**経営資源**（人材，設備，原材料・部品，資金，情報，技術，ノウハウなど）が海外に移転することになる。直接投資は単なる資金の移動ではなく，さまざまな経営資源の「パッケージ移転」

という性格を有する。

海外進出の形態は、図2-1のように分類される。直接投資は、
- Greenfield投資：新規の海外子会社設立
- Merger & Acquisition：既存海外企業の**合併・買収**
- Joint Venture：現地企業との**合弁**事業

に分けられる。このほか出資せずに企業間関係をもつ「戦略的提携」や、自社の拠点を伴わない「輸出」という簡便法もある。

図2-1　海外進出の諸形態

経営資源の獲得には、まず「内部調達」が考えられる。経営資源を自前で蓄積するものだが、長期を要し、その間の費用を単独で負担することになる。外部の経営資源を獲得する観点からは、相手を自由に選ぶ「市場取引」が考えられるが、探索や交渉・調整に時間と費用がかかる。一方 M&A は、既にブランドや販路などを有する企業を買収するもので、「時間を買う」ことができるが、失敗のリスクを伴う手段である。

戦略的提携

最近は技術開発や調達・生産、市場開拓などのために、より緩やかな「**戦略的提携**」がよく利用されている。その目的は技術提携、部品調達、生産委託、販売委託などさまざまである。

戦略的提携は、出資せずとも「業務提携契約」の締結などですむ面がある。その交渉には手間がかかり、利害が対立すれば提携解消もあるが、経営資源を自由かつ迅速に調達しつつ、リスクを分散できる利点がある。グローバル化のなか、自社単独では世界で通用しなくても、他企業と協力しながら業務を推進できるため、戦略的提携という手段を選ぶ企業が増えている。その背景には、

製品のライフサイクル短縮化，不確実性の増大といった要因がある。

第2節　グローカル

- 「**グローバル戦略**」は世界規模の効率性を，「**マルチドメスティック戦略**」は現地ニーズへの即応を重視する考え方である。
- 「**グローカル**」とは，「グローバル」と「ローカル」を折衷した言葉で，世界的な方針を共有しつつ，各国の自主性も尊重するものである。

ハーバード大学のポーター教授によれば，グローバル化の中で企業のとり得る戦略は，「マルチドメスティック戦略」か「グローバル戦略」のいずれかだという（図2-2，Porter 1986）。

このうち**マルチドメスティック戦略**は，各国を異質で多様な存在ととらえ，国毎に商品・サービスを**カスタマイズ**させ，現地の**顧客ニーズ**に合わせるやり方である。ここでは世界市場は「多数の国の総和」としてとらえられる。生産・販売活動は各地の現地法人に権限移譲され，本社の役割は経営戦略や財務面などを管理する程度となる。そのメリットは，製品仕様や各国別のサービスなどにきめ細かく対応することにより，現地ニーズを満たし，**顧客満足度**を向上できることにある。関税などの法規制や，為替変動などのリスクにも，各国毎に対応することとなる。ただし大量生産・販売による効率化は難しく，本社の方針が末端まで貫徹しないこともある。

図 2-2　グローバルな戦略展開

グローバル戦略	マルチドメスティック戦略
・世界は単一市場 ・世界規模で競争優位確立 ・バリューチェーンの各機能を最も有利な場所に配置（集中） ・製品標準化で世界の顧客に対応 ・本社主導の海外子会社管理	・市場は各国毎に独立 ・各国毎に競争優位確立 ・バリューチェーンの各機能を各国毎に配置（分散） ・現地適応化で各国ニーズに対応 ・現地に権限移譲

出所：Porter 1986.

これに対し**グローバル戦略**は，世界を「単一市場」としてとらえ，共通のニーズを見つけ出して一律に満たそうとするものである。生産・販売の**効率性**が重視され，現地法人も**世界最適立地**が検討されることになる。そのメリットは，**規模の経済**を享受でき，グローバルな効率化を実現できることにある。優位な生産方法を確立すれば，大量に生産するほど利益を獲得できる。しかし反面，現地ニーズにきめ細かく対応できず，貿易摩擦などの政治的リスクに弱い面もある。固定費負担の大きい装置型産業では，需要が急減すると損失も急増することになる。

両者の中庸にあたるのが「**グローカル**」である。「グローバル」と「ローカル」を折衷した言葉で，世界的な方針を共有しつつ，各国の自主性も尊重するものである。自律性をもった各国法人が，全社的なバランスを取りながら活動する形である。

かつて P&G は，日本で「全温度チアー」を売り出したが，当初はほとんど消費者に受容されず，参入に失敗したが，その後消費者の声を聞いて市場特性を学び，日本向けに改良した商品を販売するようになり，業績は改善した。

一方日本企業は，従来国内で製品開発と生産を行い，世界各国に輸出してきた。しかし自動車産業では，貿易摩擦，反日運動，自然災害，リコールといった，現地の要因に影響を受けてきた。

これを踏まえ最近では，世界に所得水準や嗜好が異なる市場が併存することを強く意識し，商品開発や販売方法を現地国に合わせる企業が増えてきている。嗜好の強く表れる食品業界においては，カップヌードルやチキンラーメンなどが，味付けや包装を国・地域毎に変え，現地の消費者に受容されている。

第3節　I-R グリッド

- I-R グリッドは，I（グローバル統合）と R（ローカル適応）の両軸でグローバル戦略を考える分析枠組みである。
- 両方を目指すのが，「**マルチフォーカル**」なアプローチである。

ミシガン大学のプラハラード教授と INSEAD のドーズ教授は，グローバル企業の海外展開に関する分析枠組みとして，**I-R グリッド**を提唱した。I（Integration）は**グローバル統合**，R（Responsiveness）は**ローカル適応**のことで，グリッドとは「格子」の意味である（図 2-3）。

図 2-3　I-R グリッド

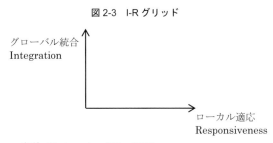

出所：Praharad and Doz 1987.

慶應大学の浅川教授の解説によれば，経済的プレッシャーはグローバル統合の方向へ，また政治的プレッシャーはローカル適応の方向へ，それぞれ作用する（浅川 2003）。ただしこれらは二律背反でなく，両方を目指す**マルチフォーカル（Multifocal）**な戦略／組織もあり得る（図 2-4）。

図 2-4　マルチフォーカルアプローチ

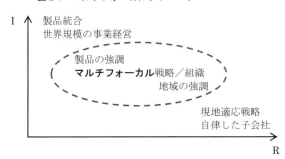

出所：Praharad and Doz 1987.

日本企業はどちらかといえばグローバル統合型，欧州企業はローカル適応型が多い傾向がある。自動車業界では，トヨタがグローバル統合，フィアットが現地適応，フォードがマルチフォーカルに近いとされる。フィアットはいかに

もイタリアらしいデザインの小型車が多い。フォードは米国では「エクスプローラー」のような大型車を販売しているが、日欧市場にも適応すべく、マツダとの資本提携で小型車技術を学んだ。「フィエスタ」と「デミオ」はプラットフォームが共通化され、日欧の小型車市場で一定の人気を博している。

グローバル企業の経営者は、グローバル統合とローカル適応という、相反する要請を総合的に勘案しつつ、実現可能な戦略や組織を選ぶことを余儀なくされている（事例2-1）。

事例2-1　I-R関連の事例

アパレル業界

　GAPは1994年に日本に進出した。当初は話題を呼んだが、デザインは米国流、サイズは米国人用の小型版を持ってくるだけだった。製品を標準化し、製造小売（SPA）方式により新興国で調達してコストを削減したが、染色や縫製などが粗く、ユニクロの品質と値頃感に慣れた日本の消費者には必ずしも受け入れられなかった。

　少し上層を狙ったバナナリパブリックも、日本では苦戦を強いられている。アパレルは消費者の嗜好が国毎に大きく異なるため、グローバル統合だけでは難しい面がある。

ホテル業界

　リッツカールトンは、世界的なホテルチェーン、マリオットの傘下にある。従業員は常にCredo（信条）のカードを携帯し、行き届いたサービスを提供している。

　日本では1997年、大阪に進出した。英国風のドアマン、邸宅のような内装などが特徴だが、米国のチェーン店に比べ、宿泊よりもウェディングやアフタヌーンティーなどレストランの比重が大きくなっている。プロポーズの場面の演出など、同社の「ワオ体験」サービスを、日本人スタッフがきめ細かなおもてなしに昇華させ、女性客の支持を得ている。

　2007年に東京ミッドタウン、2012年に沖縄、2014年には京都にも進出したが、雰囲気は立地により大きく異なる。リッツカールトン沖縄は広大なリゾートホテルである。リッツカールトン京都は鴨川沿いにあり、「山紫水明」の内装で、和風のサービスが行われている。

出所：浅川2003より作成。

第4節　グローバル企業の類型

・グローバル企業は、「**グローバル**」（中央集権型）、「**マルチナショナル**」（分散・自立型）、「**インターナショナル**」（調整型）、「**トランスナショナル**」（同時

追求型）の4つに類型化される。
・さらには「**メタナショナル**」（超国家経営）という概念もある。

バートレット（ハーバードビジネススクール）とゴシャール（ロンドンビジネススクール）は，グローバル企業を4つに類型化した（図2-5）。浅川（2003）は，これらをI-Rグリッドに当てはめ，図のように整理している。それぞれの特徴は以下の如くである。

・**グローバル**：「中央集権的」で，現地法人は本社戦略の「実行部隊」という位置づけである。本国で製品開発を集中的に行い，標準化した製品を効率的に生産し，世界市場に向けて販売する形である。製薬，半導体製品，旅客機などにこの種の企業が多い。

・**マルチナショナル**：「分散・自立的」で，現地法人の裁量が大きい。製品は差別化され，各国別の対応である。消費財などに多い。

・**インターナショナル**：「調整型」で，重要な意思決定や製品開発は本国で，

図2-5　グローバル企業の類型

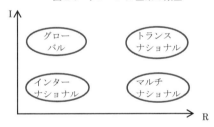

グローバル：資産・能力は本国の中心に集中，その成果は世界規模で活用。親会社の戦略を海外子会社は忠実に実行。ナレッジは中央で開発・保持。パナソニックなど。
インターナショナル：コアコンピタンスの源泉は集中，その他は分散。海外子会社は親会社のコンピテンシーを適用・活用。ナレッジは中央で開発され，海外ユニットに移転。エリクソンなど。
マルチナショナル：資産・能力は分散され，国毎に自給体制。海外子会社は現地での機会を感知，活用。ナレッジは海外の各ユニット内で開発・保持。ユニリーバなど。
トランスナショナル：資産・能力は分散，かつ相互依存的で，それぞれ専門化。海外各ユニットは差別化した形で世界のオペレーションに貢献。ナレッジは他の本・支社ユニットと開発され，世界中で共有。

出所：浅川 2003。

生産・販売などの個別活動は現地で行われる。本国から現地に知識・技術を移転し活用する形で，海外子会社は本国に付属する「前線基地」という位置づけだが，現地での製品改良など，一定の裁量は残されている。

・**トランスナショナル**：(理念的だが) 世界規模での効率性と各国の環境への適応，イノベーションの促進・活用を，「同時追求」するものである。世界的統合と役割分担・専門化を両立させるため，戦略を柔軟化させ，経営資源を弾力的に配置することになる (事例 2-2)。

事例 2-2 　トランスナショナルの事例

日清食品

　同社はカップヌードルを，北米ではラーメンでなく「スープ」としてポジショニングし，現地市場に参入した。またインドではスープを捨てる習慣があることが分かり，味を現地向けとし，スパゲティ風に改変した。このように顧客に合わせたきめ細かな対応により，新興国市場でも受容されている。食品業界では，「生産効率」と「現地の嗜好」の両面を考慮しなければいけない面がある。

日産自動車

　車台はタイ，中国，インドほかで生産し，部品は現地調達しているが，新興国メーカー向けに車台のみの外販も始めた。エンジンも欧州はディーゼル，ブラジルはバイオ燃料用などと使い分けている。
　サニーの新型をまず中国から販売したり，フラッグシップのマーチの生産を，裾野産業が集積し，FTA で輸出にも便利なタイに全面移管したりと，機動的に対応することにより，「効率性」と「現地対応」を両立させようとしている。

出所：飯田 2010，各種報道より作成。

　特に食品産業などでは，国・地域の違いが大きく，パソコンや集積回路といった製品に比べ，文化的感度を保ちながら現地適応を図る必要がある (Keegan and Green 2008)。

　さらに，**メタナショナル**という概念もある。メタとは Beyond，つまり自国優位に立脚した戦略を超え，グローバル規模の優位性を確保するという意味である。ドーズ (INSEAD) の提唱した，「超国家経営」という概念である。本国親会社 (自国) の経営資源の優位性活用を前提とせずに，世界中に散在している経営資源を動員して活用・共有し，地球規模で新たな優位性を確立するものである。ST マイクロエレクトロニクスや，資生堂の新製品開発手法がその代表例とされている (浅川 2003)。

第3章 グローバル戦略論

第1節　戦略論

- 「5つの力」とは，①業界内の既存企業同士の競争，②供給業者の力，③顧客の力，④新規参入の脅威，⑤代替品の脅威により，各産業の「**利益構造**」を考えるものである。
- 「バリューチェーン」（価値連鎖）とは，個別企業における一連の付加価値創出活動のつながり方をいい，業界内の個別企業の「**相対的ポジション**」に関係している。
- 基本戦略は，「**差別化**」，「**コストリーダーシップ**」，「**集中**」の3つである。

　ポーターは，「5つの力」や「バリューチェーン」といった，戦略を考えるための**フレームワーク**（分析の枠組み）を提唱している。これらの概念は，経営コンサルティングの実務でもよく使われている。本書は「グローバル」経営論なので，各々の詳細な説明は類書に譲るが，以下ではそれらの関係・位置づけや，グローバル戦略との兼ね合いを説明する。

　5つの力とは，①業界内の既存企業同士の競争，②供給業者の力，③顧客の力，④新規参入の脅威，⑤代替品の脅威をいう（図3-1）。これらは各産業の「**利益構造**」を決定する要因である。一般的には①が最も強く激しく，価格とコスト両方に影響する。さらに②はコストに，③・④・⑤は価格に，それぞれ影響する。「価格－コスト＝利益」なので，これらにより業界の利益構造が決まっていく。

　バリューチェーン（価値連鎖）とは，個別企業における一連の付加価値創出活動のつながり方をいう（図3-2）。調達，生産，物流，販売・マーケティング，

図3-1 5つのカ

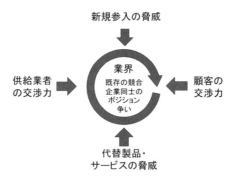

出所:Porter 1998.

アフターサービスといった主流の活動を,経営管理,人事労務,調査研究といった支援活動が支える形である。

図3-2 バリューチェーン

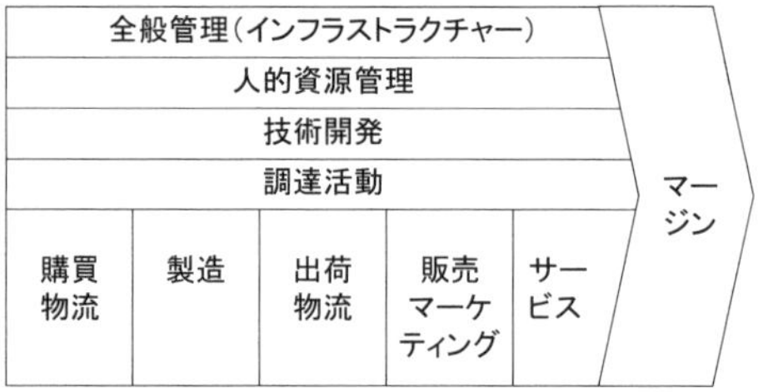

全般管理(インフラストラクチャー)					マージン
人的資源管理					
技術開発					
調達活動					
購買物流	製造	出荷物流	販売マーケティング	サービス	

出所:Porter 1985.

　バリューチェーンは,業界内の個別企業の「相対的ポジション」に関係している。一連の業務の流れの中で,どこに強みを持ち,いかに顧客価値を創造し,利益を出すかという,「**ビジネスモデル**」にも関連する事項である。例えば量販店は仕入で,コンビニは物流で,製薬会社は開発で,自動車会社は生産で,化粧品は販売で,複写機メーカーはサービスで強みを発揮している。

　つまり,5つの力は「個別業界全体の収益性」(業界平均的な価格・コスト)を決め,バリューチェーンは「特定業界における個別企業のポジショニング」(企業の相対的な価格・コスト)を決めるのである(Magretta 2011)。

ポーターは，戦略とは競争において「何をやらないか」を選択することだといっている。かつての総合電機メーカーの如く，すべてをやろうとすれば，どれも中途半端に終わり，いずれ負けてしまう。シェア1位を目指すには，「最高」の製品で「最高」の顧客に対応する必要があるが，常に模倣されるリスクがあり，結局誰も勝てない「ゼロサムゲーム」となる。しかし**イノベーション**により独自性を発揮する競争なら，ターゲットとする顧客の個別ニーズを満たせばよく，「土俵」の数だけ勝者が生まれて共存でき，適正な利益を確保できることになる（Magretta 2011）。

したがって基本戦略としては，A. **差別化**，B. **コストリーダーシップ**，C. **集中**の3つとなる。図3-3中，差別化と**差別化集中**は価格引き上げ，コストリーダーシップと**コスト集中**はコスト低下により，利益を出そうとするものである。独自性があれば差別化戦略，市場シェアが高ければコストリーダーシップ戦略が可能となる。

図3-3 3つの基本戦略

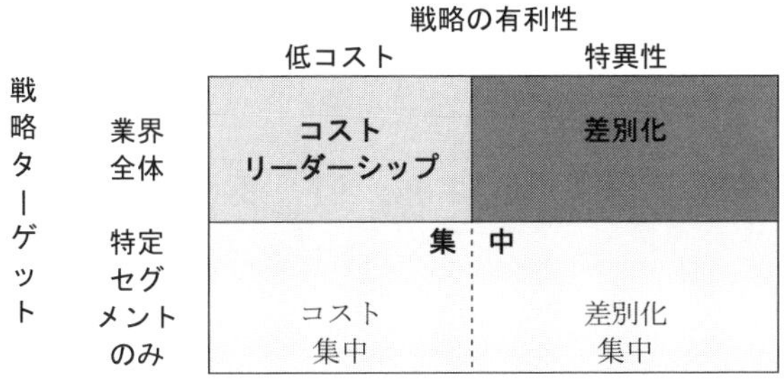

		戦略の有利性	
		低コスト	特異性
戦略ターゲット	業界全体	コストリーダーシップ	差別化
	特定セグメントのみ	集　　中	
		コスト集中	差別化集中

出所：Porter 1985.

第2節　グローバル戦略

- グローバルな産業に関しては，**グローバルコストリーダーシップ**，**グローバル差別化**，**グローバル細分化**，**市場が保護された国を狙う**，**現地国優先**という戦略がある。

ポーターの視座は，主に産業レベルにある。グローバルな産業に関しては，図3-4のような戦略が提唱されている。競争の地理的範囲を複数国とするのか，一か国に絞るのかが横軸である。またセグメントの範囲が，産業全体なのか特定の一部分なのかが縦軸である。

図3-4 グローバル戦略

		地理的範囲	
		グローバル戦略	国中心の戦略
セグメント範囲	産業全体	グローバルコストリーダーシップ，またはグローバル差別化	市場が保護された国を狙う
	特定セグメント	グローバル細分化	現地国優先

出所： Porter 1986.

グローバルコストリーダーシップ

トヨタのようなグローバル企業は，フルラインの製品群をそれぞれ標準化して世界中で販売し，規模の利益を享受している。コマツも，さまざまな状況に即した建設機械を各種取り揃え，世界各地の鉱山や建設現場に提供している。

グローバル差別化

アップルのように差別化されたブランド製品を有する企業は，モデルチェンジを頻繁に行いながら，世界中に販売を拡げていくことができる。

グローバル細分化

特定のセグメントに絞って経営資源を節約しつつ，販売はグローバルに行う戦略である。メルセデスやリッツカールトンは，富裕層向けの高級品／サービスに絞りつつ，多国展開することにより採算性を確保している。

市場が保護された国を狙う

関税や現地調達率など，法規制で保護された産業は，非効率な分市場機会が存在し得る。当該国の事情に精通していれば，そこで複数のセグメントを狙うことが可能となる。

現地国優先

独自性の強い国において，特定セグメントを狙うものだが，国内需要が相応

にある場合のみ，適用可能となる戦略である。セグメントや地理的に拡大することが難しい場合に，やむを得ずとる手段となる。

第3節　産業クラスター

・「**産業クラスター**」とは，特定産業において，相互に関連する企業群が，地域的に集中している状態をいう。
・その分析枠組みとして，「**ダイヤモンドフレームワーク**」がある。

「**産業クラスター**」とは，特定産業において，相互に関連する企業群が，地域的に集中している状態をいう。「**産業集積**」に近いが，大学・研究所や政府機関など，より広い関係主体を含む概念である。

世界にはさまざまな産業クラスターがある。シリコンバレーには IT 産業が集積している。ロサンゼルスは映画・娯楽産業の中心である。ドイツは自動車，フランスは香水など化粧品が有名である。イタリアにはスキー靴やユニークなデザインの衣服など，独自の産業が集積している。これらの産業クラスターの存在が，各国の**競争力**を支えている。

グローバル競争優位の枠組みとして，ポーターは「**ダイヤモンドフレームワーク**」を提示している（図3-5）。これらの要因は，相互に影響しあいながら，競争力を決定する。

図 3-5　ダイヤモンドフレームワーク

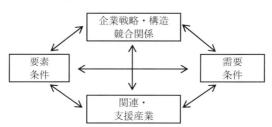

出所：Porter 1990.

このうち**需要条件**とは，当該産業の製品・サービスに対するニーズの特質をいう。例えば日本の消費者の要求水準は高いため，生産者側も鍛えられることになる。日本の環境技術も，公害対策や厳しい規制などにより，世界に輸出できる水準に達したものである。

また**要素条件**とは，資本・労働力といった生産要素に関する事項で，各種インフラの整備状況も含んでいる。天然資源に乏しい小国（スイスや日韓台星など）であっても，教育で人材を育成し，技術者や知識労働者を増やせば，競争力の源泉となる。

さらに**関連・支援産業**とは，周辺分野の部品メーカーや専門的サービス群などを指す。日本には電気機械，自動車，工作機械など，相互に関連する産業群を支える，膨大な中小企業群があり，日本の「ものづくり」を支えている。これに対しアジアの新興国では，裾野産業が未熟で，高度な部材は輸入せざるを得ず，発展の課題となっている。

企業戦略・構造，競合関係とは，企業経営の状況，特にライバル間の競争状態を指している。スマートフォンの如く，競争がし烈であれば，企業は技術革新で新製品を開発し，グレードアップしていかなければ生き残れないことになる。

日本では経済産業省と文部科学省が，産業クラスターを各地で育成しており，地域の企業も活動に参加している。さらにアジアでも，多様な産業が集積してきた。中国には各種製造業の集積が存在する。タイには完成車メーカーのみならず，部品メーカーも集まり，裾野産業を形成している。

グローバル企業は，本国で産業クラスターの中心的存在となるだけでなく，海外展開の過程で，外国の地場産業にも影響を及ぼす。グローバル企業は開発・生産・物流・販売といった活動を各地で展開するため，地場企業に外需がもたらされるだけでなく，技術・ノウハウも伝播することになる。このように産業クラスターは，**グローバルバリューチェーン**の展開とも関係している。

第4節　ブルーオーシャン戦略

- 「ブルーオーシャン」戦略とは，競争の少ない市場を創造／発見することを目指すものである。

　INSEADのキム教授とモボルニュ教授は，血みどろの戦いが繰り広げられる「レッドオーシャン」でなく，競争の少ない「**ブルーオーシャン**」市場を創造すべきだと提唱している（図 3-6）。ポーターは低価格か差別化（高付加価値）の「どちらか一つ」を選ぶべきだとしているが，両氏は低コストと顧客にとっての高付加価値は両立し得ると主張している。

図 3-6　ブルーオーシャン戦略

レッドオーシャン戦略	ブルーオーシャン戦略
・既存の市場空間で競争 ・競合他社を打倒 ・既存の需要を引き寄せる ・価値とコストはトレードオフ ・差別化か低コストのいずれか	・競争のない市場空間を開拓 ・競争を無意味にする ・新しい需要を掘り起こす ・価値を高めながらコストを下げる ・差別化と低コストを両立

出所：Kim and Mauborgne 2005.

　一般的な業界標準と比べて，思い切り「**減らす／増やす，取り除く／付け加える**」という，4つの「**アクション**」をとれば，独自領域を開拓できる。そのためのツールに「**戦略キャンバス**」がある。これは，横軸に競争要因を，縦軸にレベルをとり，評価の点をプロットして線でつなぎ，自社と他社の取り組みを比較するものである。自社の線が業界標準の線から乖離する場合には，新たな市場を創造できる可能性がある。

　例えばQBハウスは，散髪時間，待ち時間，エアウォッシャーシステム，衛生感などの点で，一般の理髪店を大きく引き離しており，これらが強みの源泉となっている。一方サムスンは，重要な意思決定には戦略キャンバスを活用し，新しい市場や価値を創り出すことを職員に課している。

　ブルーオーシャン戦略の研究対象では，欧米の事例が多いものの，日本の事

例もいくつか紹介されている（事例 3-1）。

事例 3-1　ブルーオーシャン戦略の事例

シルクドゥソレイユ
　斜陽のサーカス業界において，新しいパフォーマンスの市場を創造
サウスウェスト航空
　シンプルなサービスで格安，飛行頻度が高く便利
アップル
　iPod などにより新しい顧客価値を創造
デル
　直販方式により低価格・短納期でパソコンを販売
ブルームバーグ
　金融用語のついたキーボードなど，トレーダーが使いやすい端末を開発
CNN
　24 時間リアルタイムで世界中のニュースを提供
プレタマンジェ
　ヘルシーで良質なサンドイッチを手頃な価格で提供
イエローテイル
　気楽に飲めるワイン
スターバックス
　エスプレッソをゆったり楽しめる雰囲気づくり
カーブス
　女性専用の手頃なフィットネスクラブ
QB ハウス
　10 分 1000 円で衛生的な理髪店
NTT ドコモ
　i モードを開発，携帯電話とインターネットを融合した草分け

出所：Kim and Mauborgne 2005.

第4章 グローバル組織論

第1節 組織の発展形態

- 企業の国際化の過程においては，まず「国際部」，次いで「国際事業部」を設け，これが「製品別」あるいは「地域別」に発展していく傾向がある。
- グローバルな「**マトリクス組織**」は，命令系統の混乱といった課題が多く，問題解決のため**プロジェクトチーム**や「**フロントバック組織**」といった形態が工夫されてきた。

欧米企業の国際化の黎明期には，試行錯誤により組織形態が工夫された。欧州企業では，親会社の経営陣の同族などを派遣し，海外子会社の運営を任せた。これは「人的信頼関係」に基づくもので，「**マザードーター組織**」とよばれた。一方米国企業では，「**自律的海外子会社**」を設け，親会社は特に管理組織を設けず，派遣した経営者にほぼ一任していた。いずれも海外子会社の自由度が高い形であった（榊原 2013）。

その後米国の経営史家チャンドラーは，組織形態が単一職能制から職能部門制，さらに**事業部制**へと，段階的に発展する傾向があることを指摘し，「**組織は戦略に従う**」という名言を残した（Chandler 1962）。

日本企業の国際化の過程においては，初期にはまず「国際部」を追加して輸出を開始することが多い。その規模が拡大すると，通常の事業部とは別に，独立した「国際事業部」を設け，国際化が本格化していく。

その後は図4-1のように，海外向け製品の多角化や海外売上高比率の上昇に伴い，国際事業部が「製品別」あるいは「地域別」に，世界規模へと発展し，さらにはグローバルな「マトリクス組織」を形成する傾向がある。

図 4-1　国際的組織構造の段階的発展モデル
（ストップフォード＝ウェルズ）

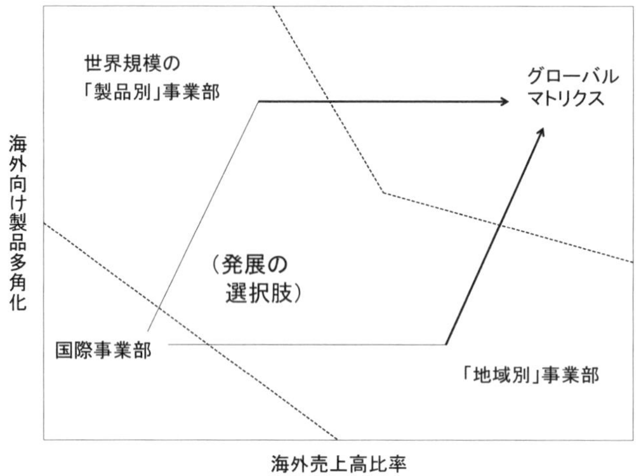

縦軸：海外向け製品多角化
横軸：海外売上高比率

世界規模の「製品別」事業部 → グローバルマトリクス
国際事業部
（発展の選択肢）
「地域別」事業部

出所：Bartlett and Ghoshal 1998.

マトリクス組織では，例えばシンガポールの子会社が，製品事業部とアジア本部の両方から命令を受ける形となる。一例として HSBC グループでは，各国の現地法人は地域持株会社の傘下にあるが，法人／個人／富裕層といった顧客グループ別組織の指揮命令も受けている。またシーメンスでは，各国の現地法人は所属する地域本部と，セクター別組織両方のアドバイスを受ける形となっている。

マトリクス組織では，専門的知識を活用しやすい反面，命令系統が混乱しがちである。かつて ABB（アセアブラウンボベリ）がその代表例とされたが，あまりに「重い」組織で弊害も大きく，代表者の交代とともに修正された。また P&G も，従来は複雑なマトリクス組織であったが，重複や非効率性が増大したため，各国の「市場開発組織」を，セクター別の部門や，会社全体の支援サービス部門が支える形に見直した。同社の組織図では，市場開発組織が上，経営管理部門などが下に描かれており，「顧客対応が最重要」という姿勢が表れている。

マトリクス組織は命令系統の混乱といった課題が多く，その問題解決にはプ

ロジェクトチーム／**タスクフォース**，委員会方式，**フロントバック組織**といった形態が工夫されてきた。

このうちフロントバック組織は，各国の顧客に商品やサービスを直接提供する「フロント」部門を，開発・生産・物流，管理部門など間接的な「バック」部門が支える形である。例えばアクセンチュアでは，コンサルティング活動が全世界に広がるなか，各国の顧客サービス部門（フロントエンド）を，専門技術部門（バックエンド）が後方支援する形をとっている。

第 2 節　人的資源管理

- グローバルな人的資源管理には，「**EPRG プロファイル**」に示されるような「経営志向性」が影響を及ぼす。
- 欧州企業が現地に任せる経営を志向してきたのに対し，日本企業は本社のもと日本人派遣者が取り仕切る形をとってきた。今後は**モチベーション**の観点からも，ローカルの基幹人材を登用し，海外拠点としての組織能力を高めていく必要がある。
- 欧米のグローバル企業では，「**選抜型**」の人材育成制度が普及している。経営管理層は，世界を渡り歩く「**グローバルマネジャー**」と「**ローカル人材**」の二層構造となっていることが多い。

パールムッターは「EPRG プロファイル」を用いて，グローバル経営の志向性を分類した（図 4-2）。「**エスノセントリズム**」（**母国中心主義**）のもと，現地の文化や習慣を軽視すると，消費者に受け入れられることは難しい。不満が溜まれば，日本企業のボイコットや襲撃事件などに発展しかねない。この点欧州企業には，現地国重視の「**ポリセントリズム**」（**多国中心主義**）をとってきたところが多い。最近は業務範囲が広がり，アジアなどの「**リジオセントリズム**」（**地域中心主義**）や，「**ジオセントリズム**」（**地球中心主義**）といった広い視野が求められるようになっている。

図 4-2　EPRG プロファイル

```
エスノセントリズム      母国中心主義
ポリセントリズム        多国中心主義
リジオセントリズム      地域中心主義
ジオセントリズム        地球中心主義
```

(ethno：民族，poly：多数，regio：地域，geo：地球)
出所：Perlmutter 1969.

　グローバルにビジネスを展開するには，優れた人材を現地に配置する必要がある。このため**人的資源管理**（HRM：Human Resource Management）が重要となる。その際には，上記の経営志向性が影響することになる。

　欧州企業は伝統的に，海外事業を任せるに足る，信頼できる人物を選んで派遣し，現地の経営を任せることが多かった。現地の経営者は，当初は本国人が多かったが，次第にローカルの人材も登用するようになった。これに対し日本企業は現地人材の登用が少ないといわれる。特に社長，財務部長といった枢要なポジションはその傾向が強い。それでも在欧米の日系企業では，欧米人に一定程度権限を移譲しているが，中国や東南アジアでは委任度が低い。概して在アジアの日系企業では，生産や採用のチームリーダーなどは現地人材に任せていても，経営上の枢要なポストは日本人であることが多い。

　日系企業では図 4-3 のように，日本人派遣者が本社と密接に連絡を取り合うなか，現地スタッフは疎外されがちであった。今後はローカルの基幹人材を育成・登用し，海外拠点としての組織能力を高めていかなければならない。

　昇進上の「見えない壁」を**グラスシーリング**（ガラスの天井）というが，現地人材を登用すれば，**モチベーション**が高まる。さらに本国でも現地国でもない「第三国」の人材を活用すれば，専門性や人的ネットワークを補完でき，組織的によい刺激となろう。最近はグローバルな本社以外に，「地域統括拠点」を設けるグローバル企業が増えている。有能な現地人材を地域統括拠点の幹部に育てれば，各国の組織を任せていける。

　欧米のグローバル企業では，**選抜型**の人材育成制度が普及している（図 4-4，図 4-5）。有能な人材を若いうちから選び，重いタスクを与えて，将来の幹部に育てていくやり方である。社外の人材市場からの調達も多い。一方日本企業で

は**年功制**による人事が多く，選抜型の普及はまだこれからの段階にある。

図4-3　日系企業の海外拠点における人材構造

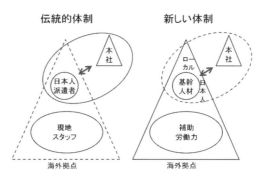

出所：石田ほか 2002。

図4-4　グローバル企業の人的資源管理（例）

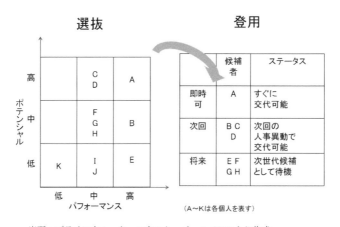

出所：プライスウォーターハウスクーパース 2013 より作成。

　欧米のグローバル企業では，人材育成のため，現地法人の幹部からはじめ，地域統括拠点の幹部へ，さらに本国本社の幹部へと，経験を積ませて登用する制度がとられている。一例としてカルロス・ゴーン氏は，ミシュランで経験を積んだ後，ルノーの幹部候補生として頭角を現し，日産の経営再建で実績をあ

図 4-5　人材と職務のマッチング（例）

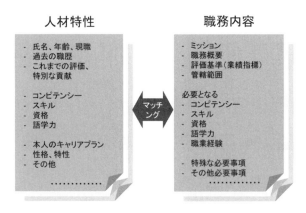

出所：プライスウォーターハウスクーパース 2013 より作成。

げ，ルノーの会長に登りつめた。最近は日本企業も海外での勤務経験やネットワークを重視するようになってきている。

図 4-6　グローバル人材のローテーション

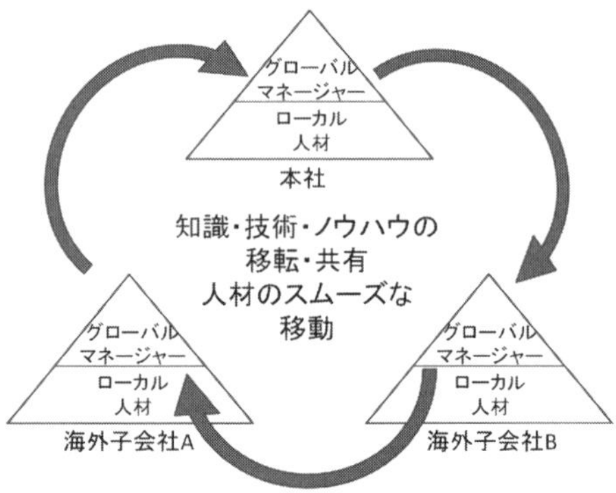

出所：笠原 2014 より作成。

　欧米のグローバル企業の人材構造は，**グローバルマネジャー層**と**ローカル人材層**の二層構造となっていることが多い（図 4-6）。ローカル人材は現地に留まり，専門性を磨く。他方グローバルマネジャーは，経営の責務を負いながら，

各国の拠点を転々と渡り歩く形である。

第3節　海外子会社との関係

- 海外子会社の位置づけや母国親会社との関係性は，4つの類型（マルチナショナル，グローバル，インターナショナル，トランスナショナル）により異なってくる。
- 海外子会社の役割については，戦略的重要性と能力・リソースにより，「戦略的リーダー」，「貢献者」，「ブラックホール」，「実行者」に分けられている。また統合と現地化の度合いにより，「活動的」子会社，「自律的」子会社，「受動的」子会社という類型化がなされている。

　グローバル企業における，母国親会社と海外子会社の関係をみてみよう。

　バートレットとゴシャールは，前述の4類型により，組織形態も変わることを示した。図4-7の中心部が本社，周辺部が海外子会社で，色の濃さが位置づけ，線の太さが関係性を示している。直観的に分かりやすいので紹介する。

　さらに両氏は海外子会社の役割を分析し，現地環境の戦略的重要性と，現地子会社の能力・リソースにより，「**戦略的リーダー**」(Strategic Leader)，「**貢献者**」(Contributor)，「**ブラックホール**」(Black Hole)，「**実行者**」(Implementer)という形に分けている（図4-8）。

　例を挙げれば，戦略的リーダーはシンガポールの地域統括会社，また貢献者は洗髪料「ティモテ」を開発したユニリーバのフィンランド子会社などである。ブラックホールは重要市場であるにも関わらず，シェアを獲得できないといった，望ましくない状態である。例としてはフィリップスの日本事業，松下のドイツ事業などが挙げられる。その他大多数の現地法人は，実行者である。

図4-7 本社と海外子会社の関係

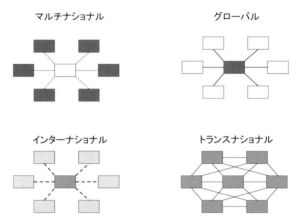

マルチナショナル　　　　グローバル

インターナショナル　　　トランスナショナル

出所：Bartlett and Ghoshal 1989.

図4-8　海外子会社の役割

現地環境の戦略的重要性 高	ブラックホール	戦略的リーダー
低	実行者	貢献者
	低　　現地の資源・能力　　高	

出所：Bartlett and Ghoshal 1989.

一方ジャリロとマルティネツは，統合と現地化の度合いにより，**活動的**子会社，**自律的**子会社，**受動的**子会社という類型化を行った（図4-9）。自律的子会社は欧州企業に，また受動的子会社は日本企業に多い傾向がある。

図4-9　海外子会社の戦略類型

統合度　高	受動的子会社	活動的子会社
低		自律的子会社
	低　　現地化度　　高	

出所：Jarillo and Martinez 1990.

これは実は，I-Rグリッドを用いたグローバル企業の類型とも重なっている。自律的子会社はマルチナショナル，受動的子会社はグローバル，活動的子会社

はトランスナショナルに対応している。

　マルチナショナル型に属すネスレやユニリーバの組織図をみると，いずれも地域割り主体で，「自律的子会社」に大きく権限移譲した形となっている。これに対しグローバル型は，日本企業の例にみるように，本社の権限が強く，現地の「受動的子会社」だけでは決定できないことが多い。トランスナショナル型は多少理念的だが，海外の「活動的子会社」が固有の役割をもちつつ，最新の知識が全社で共有されるような，相互依存の関係である。

第4節　O型／M型組織

- 欧米ではデジタル的な「**M型組織**」が，また日本ではアナログ的な「**O型組織**」が多い。O型は「**高コンテクスト**」な組織で，「**場**」の共有を前提としている。
- **異文化コミュニケーション**においては，自らの特徴を意識し，説明や伝達方法などを工夫する必要がある。

　石田（1989）によれば，欧米企業は**職務配置**（明確に分かれた職務の要件に合ったスペシャリストを当てはめていく）だが，日本企業は**職場配置**（各課の中で当人の技量に応じ仕事を割り当て，担当の決まっていない仕事は柔軟に分担し合う）が多い。日本企業の多くは長期雇用に基づきゼネラリストを育成しており，ローテーションを通じ個人の成長を促している。人事担当側は人を柔軟に移動させられるが，従業員側は苦手な部署で苦労することもある。ただし近年はキャリア開発の観点から，自分で配属先を選べる制度も設けられるようになっている。

　欧米と日本の組織形態の違いを上手く表現しているのが，O型／M型組織の理論である（図4-10）。日本は有機的（Organic）な「O型組織」である。図中，上の三角形の部分が経営管理，下の長方形の部分が業務・作業にあたる。白い円は社長や部長などの職務範囲を示し，その他は共有部分に含まれる。この共

有部分は,「グリーンエリア」といい,複数の個人が協働する場となる。ここでは,一つの目的やアイデンティティの下に,戦略的コンセンサスが形成されていく。

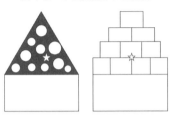

図4-10　O型組織とM型組織

出所：林 1994。

　O型組織は「場」への依存度が高く,**コンテクスト**（文脈,状況）の共有が求められる（**高コンテクスト**）。**アナログ**知覚で,境界線の両側を連続的で相対的なイメージとして理解している。

　これに対しアングロサクソンなど欧米の組織では,機械論的（Mechanistic）な「**M型組織**」が多い。図中では上の「積み木」の部分に,経営管理の「すべて」が含まれている。**デジタル**知覚を重視し,**低コンテクスト**で,現実世界に境界線を引き,境界線の両側を区別して理解する傾向がある。

　両者の違いは,オフィス形態の差異（共同／個室）として端的に表れている。仮に図中の☆印で問題が起きた場合,O型組織では「どうしてその問題が生じたか」の原因を追究し,対応策など問題解決方法を議論する。これに対しM型組織では,「その問題は誰の責任か」が問われ,誰かの責任で決着することになりがちである。

　日本人としては,海外ではO型の組織化原理が通用しないことを認識する必要がある。**異文化コミュニケーション**においては,自らの特徴を意識し,簡潔明瞭でデジタル的な説明,コンテクストに依存しない伝達方法などを工夫すれば,無用な摩擦を避けられる。組織文化の違いを認識すれば,人的資源管理のやり方も改善することだろう（表4-1）。

表 4-1　コンテクストの高低によるコミュニケーション方法の違い

低コンテクスト文化	高コンテクスト文化
言語への依存度大	言語への依存度小
非言語表現への依存度小	非言語表現への依存度大
情報は特定言語で伝達	情報は物理的状況や内部の知識により意味を導出
本音，正直さ，内容重視	建前，和，形重視
異文化コミュニケーションで意味を十分斟酌しない	異文化コミュニケーションで意味を斟酌し過ぎる

出所：林 1994。

第5章 グローバル経営の各論

　外部環境が変化する中で，経営学も進化し続けている。かつて「競争論」を唱えたポーターも，環境や社会にも配慮する「共通価値の創造」（ＣＳＶ:Creating Shared Value）を提唱するようになっている。一時はグローバル化やITの進歩により，世界が「フラット化」する可能性も唱えられたが，最近はむしろ「現地適応」が重要という論調になっている。以下では最近の研究成果も取り入れながら，グローバル経営の各論をみていこう。

第1節　グローバル財務

・現地法人の資金調達にはさまざまな方法があり得るが，実際には邦銀からの借入の形が多い。**「親子ローン」**も活用されている。
・**「ネッティング」**とは，グループ企業間の債権債務関係を，金融機関を通さず帳簿上で相殺することをいう。
・最近はグループ企業の資金をグローバルに一括管理する**「キャッシュマネジメント」**が広まっている。

　かつては国際的な財務・経理というと，L/C（信用状：銀行が輸入者の支払を輸出者に対し保証）や通関書類の作成など，貿易の手続きに関する事項が多かった。しかし企業の活動がグローバル化するなかで，グループ全体の資金調達・管理や，親子会社間の決済などを，合理化・効率化させる必要性が高まってきた。

　資金調達については，一般に表5-1のような方法がある。銀行借入に関して

は，現地行からの借入はまだ少なく，邦銀や国際的なネットワークをもつ欧米系金融機関との取引が多い。社債や株式を現地で発行するとなると，海外は法規制や商慣習が異なるため手間がかかる。このため自己資金があれば，まずは

表 5-1 資金調達方法の比較

	方法	期間	金利	手続き上の利便性	経営への影響
負債	借入金	短期中心，中長期も	拘束預金など，実質的に割高な場合も	比較的便利だが，定期的に利払いと元本返済が必要	銀行による経営介入も
	社債	長期	固定	格付や情報開示が必要，発行時の市場環境に左右され，手間と時間がかかる	元本償還の負担大，経営悪化時は調達難
	買掛金支払手形	短期	表面上なし	相手との力関係による	手形は倒産リスクあり
資本	株式	長期	配当政策次第	返済義務なし，手間と時間がかかる	経営介入の可能性大
	内部留保	長期	表面上なし	社内決定次第	最も安全だが，機会費用を要検討

出所：筆者作成。

それを送金して活用することになる。

中小企業が海外進出する際によく使うのが，「**親子ローン**」である。これは日本の親会社が地方銀行などに担保（土地，建物，設備，有価証券など）を提供して融資を受け，その資金を海外子会社に出資や長期貸付金などの形で提供する方法である。一方海外子会社が自ら現地の金融機関から借り入れる場合，現地通貨建てなら為替リスクがなくなるが，これを日本の親会社が債務保証することが多い。なお，最近では「**クロスボーダーローン**」（現地法人への直接融資）や，「**スタンドバイクレジット**」（現地行による現地通貨建融資を邦銀が信用状で保証）も行われるようになってきた。

ネッティングとは，グループ企業間の債権債務関係を，金融機関を通さず帳

簿上で相殺することである。昔は外国為替及び外国貿易法（外為法）の規制があったが，自由化されてネッティングが普及するようになった。例えば日本本社がベトナムの子会社に原材料5百万円分を輸出し，完成品8百万円分を輸入した場合，金融機関を介せば取引コストがかかるが，社内で相殺すれば3百万円を送金すれば済むことになる。

最近はグループ企業の資金をグローバルに一括管理する「**キャッシュマネジメント**」が広まっている。日産は東京本社で世界の資金を一元管理するようになり，有利子負債を大幅に削減した。ソニーはロンドンに金融子会社を設け，全世界の関連会社のキャッシュマネジメントを行っている。他方 IBM は，自社のキャッシュマネジメント経験を活かし，他社に「インハウスバンキング」のコンサルティングサービスを提供している。

第2節　グローバル製品開発

かつて製品開発といえば，機密事項を社外に漏らさぬよう，研究所で極秘裏に進めたものだった。しかし最近は，外部の知識を積極的に活用する「**オープンイノベーション**」が脚光を浴びている。

日米欧はそれぞれ研究の得意分野が分かれている。米国は航空宇宙，IT，バイオ，新素材，人工知能など，欧州は医薬，化学，通信など，日本はエレクトロニクス，自動車部品，低コスト生産技術などである（高橋 2011）。シリコンバレーに製品開発拠点を設け，最新の技術を活用するグローバル企業は多い。

その際問題になるのが，本国と海外の製品開発体制である。デジタルな「**形式知**」はインターネットでやり取りできるが，アナログの「**暗黙知**」はそうはいかない。

ギャスマンらは，グローバル企業の製品開発体制を，図5-1のように分類している。このうち「単独型」は，「エスノセントリック」（本国志向）で，本社としては効率的だが，現地市場のニーズを製品に反映しにくくなる。パソコンのOSなど，標準化された製品ならこの方式でよい。

「ハブ型」では，補完的ではあるが海外の創造性を活かせる。一方「分権型」

は「ポリセントリック」（現地志向）で，開発内容が重複したり，海外拠点が独断専行したりするおそれもあるが，現地ニーズに対応しやすい。

「統合型」は「トランスナショナル」的で，各拠点が等しく連携する形である。さらに「外部連携型」は他社や現地の供給業者・顧客企業など外部と協働するものである（オープンイノベーション）。両者は「ジオセントリック」（世界志向）だが，実際には調整が難しい面がある。

ネスレは昔から現地に合わせた製品開発を行ってきた。サムスンは近年，日本の基礎技術を学びとりながら，巧みに現地ニーズを製品開発に反映させ，アジアでシェアを伸ばしてきた。日本企業としては，自前主義に陥らず，外部や現地の知恵を弾力的に活用する必要もあろう。

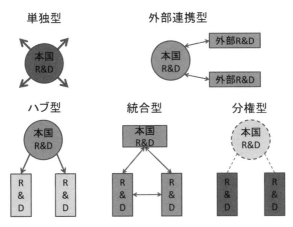

図 5-1　グローバルな製品開発体制

出所：Gassmann and Zedtwitz 1999 より作成。

第 3 節　グローバルマーケティング

・グローバルマーケティングは，「R→STP→MM→I→C」という 5 ステップからなる。
・これらは初期参入，現地市場拡張，グローバル合理化といった段階毎に，内

容が変化していくことになる。

　前述のように P&G や GAP は，米国流の製品や販売方法を日本に持ち込んだが，参入初期に苦戦を余儀なくされた。一方ホンダは米国進出に際し，日本で人気の小型オートバイ「カブ」を投入したが，広告は二輪車の業界誌でなく，『ライフ』など一般誌を用いた。"You meet the nicest people on a Honda" というキャッチフレーズで「善良な市民が日常的に乗れる」ことを訴求し，ハーレーダビッドソンとは異なる層に受容された。

　マーケティングは販売を支える重要な活動だが，海外で実施する場合には，国内では予想し難い困難が発生し得る。外部環境や内部の経営資源を分析し，参入市場を決め，グローバル／ローカルのマーケティングを展開していかなければならない。

　ノースウェスタン大学のコトラー教授によれば，グローバルマーケティングは「R→STP→MM→I→C」という5ステップからなる（Kotler 1999）。**市場調査**（Research）の後，市場を**セグメント化**（S）し，**ターゲット**（T）を定め，競合他社に対する自社の**ポジション**（P）を決める（図 5-2）。

図 5-2　マーケティングの STP

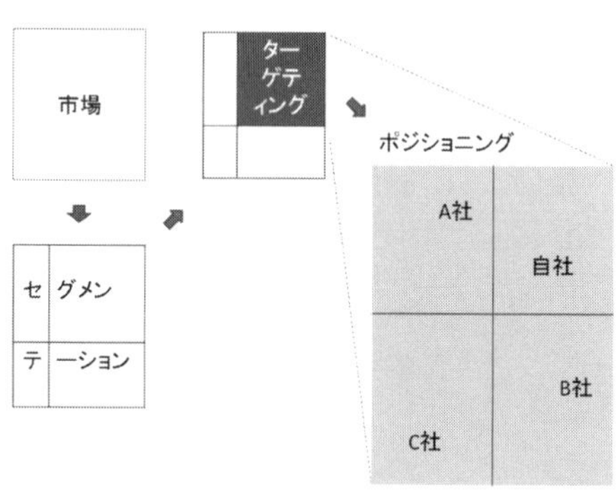

出所：筆者作成。

　次に **4P**（Product, Price, Place, Promotion）の**マーケティングミックス**

(MM) を策定，実施（Implementation）する。最後に結果を評価し，戦略を見直し改善する（Control）という流れである。なお**サービスマーケティング**では，MM に People, Process, Physical Evidence の 3P が加わり，7P となる（後述）。これらは表 5-2 のように，初期参入，現地市場拡張，グローバル合理化といった段階により，その内容が変化していくことになる（諸上 2002）。

表 5-2　国際マーケティングの展開

	初期参入段階	現地市場拡張段階	グローバル合理化段階
市場調査(R)	市場調査，参入方式検討マクロ・ミクロデータによる候補国スクリーニング，取引相手の探索・信用調査	進出先市場の競争状況，需要・供給条件の調査現地適応化，製品ライン拡充，高級化などの可能性調査	各国市場データを本社データベースに統合グローバルな視点から製品・部品共通化，最適な物流，調達などを調査
セグメンテーション (S)	政治経済，地理，人口統計要因による国単位のセグメンテーション	心理的要因など多様な基準による現地市場のセグメンテーション	各国市場横断的なグローバルセグメンテーション
ターゲティング (T)	特定国・地域の選定	当初のターゲットの拡大，グレードアップ	自社が世界的競争力をもつ特定セグメントを選択し，経営資源を集中
ポジショニング (P)	先進国　ニッチ戦略途上国　低価格戦略など	ターゲットの変化に伴い，ポジショニングを調整	高品質，迅速化，カスタム化，低コストなどを訴求
マーケティングミックス (MM)	流通チャネルを確保先進国　高品質・高価格途上国　標準化製品・低価格　など	現地国のターゲット市場に最も効果的なマーケティングミックスを提供	世界的統一化と現地適応化を同時達成
コントロール (C)	当初はあまり重視されないが，国際事業の成長に伴い重視	各国での経営成果の最大化	グローバル連結での利益最大化ポートフォリオのバランス達成

出所：諸上 2002。

グローバルマーケティングにおいては，特に STP が重要となる。このうちグローバルな**セグメンテーション**（市場細分化）では，まず国・地域を分類して選び，当該国をさらに細分化する必要がある。その基準としては，気候，風土，民族，宗教，言語，文化，価値観，生活様式，教育水準，所得水準，職業，性別，年齢，家族／子供数，人口動態などがあり得る。

ちなみに博報堂（2016）は，アジア 23 都市で 15～54 歳の男女を対象に，

生活習慣の調査を行っている。これによればアジアの人々は，現在は食事や衣服，通信にお金を使っているが，今後は旅行や趣味，貯金にもお金を回したい意向である。日本製品は高品質で定評があり，「格好いい／センスがいい」イメージである。日本から連想する製品・サービスは，家電／AV 製品，デジタル製品，自家用車，漫画／アニメ，食などとなっており，実際に購入したいものとしては，これらに加えファッション製品，化粧品なども挙げられている。こういったデータを都市別／性別／年齢別に分析すれば，有益な情報となろう。

次に**ターゲティング**では，市場の規模や成長性，競争環境や規制など，魅力度を評価し標的を絞る必要がある。自社が参入して競争力があるかを判断し，誰に売るかを考える。

ターゲット市場の選び方としては，まず「**各国共通セグメント方式**」がある。例えばメルセデスベンツや MHLV のような高級ブランドは，世界中の富裕層を狙っている。逆に BOP ビジネスは，世界の新興国の低所得者層が対象である。次に「**国別多様セグメント方式**」は，日本の中間層向け製品を，先進国の庶民や新興国の上層部に売るようなやり方である。例えばマツダ「デミオ」は，日本ではファミリーカーだが，米国ではフォードのもと「フェスティバ」として通勤用の 2 台目などに使われ，欧州ではコンパクトで環境に優しい車，新興国では質が高く耐久性も高い車として販売されている。

図 5-3　グローバルなターゲットの設定方式

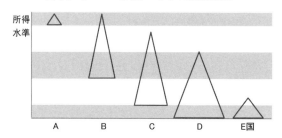

出所：Porter 1986 を参考として作成。

さらに**ポジショニング**においては，自社の競争優位性（他社に負けない特徴）を踏まえ，ターゲット市場における自社の立ち位置（何を売りにするか）を考

える必要がある。ここで「**単一ポジショニング戦略**」は，各国共通のテーマを設定し，各国同様の立ち位置で，首尾一貫したイメージを保つやり方である。スイスの時計，日本の自動車などはその例である。バドワイザーは，米国流の飲みやすいイメージを世界で訴求している。その他ベネトン，リプトン，ハーゲンダッツ，スターバックス，レッドブル，ランドローバー，ノキア，サムスンなども同様である。一方「**多元ポジショニング戦略**」は，「売り」を現地に合わせて訴求するものである。例えば言語や包装，商品の大きさ，衣食住の好みなどは国毎に異なるため，個別にカスタマイズする必要がある。

　ベンツが日本で中価格帯（SクラスとCクラスの中間）のEクラスを導入した際は，「美しい国のメルセデス」というコンセプトで販売した。高級車という点では変わらないが，欧米ではスポーツ性や静かさを売りとし，日本では「美しさ」を前面に出したものである。また資生堂の化粧品は，欧州では無名だったが，「東洋の神秘性」を訴求して成功し，アジアでは高級品として富裕層に訴求した。日産フェアレディZの「シフト」広告キャンペーンにおいては，米国では「シフトを成し遂げる」と赤ん坊の最初の一歩を表現し，欧州では「希望のシフト」，日本は「未来へのシフト」，その他「情熱のシフト」，「喜びのシフト」，「前へシフト」といったコピーが使い分けられた（Kotabe and Helsen 2008）。

　続いて**マーケティングミックス**（MM）に関して，モノは4Pでよいが，サービスではPeople（人材），Process（プロセス），Physical Evidence（物的証拠）が加わり，7Pとなる。サービス業ではまず何よりも人材と，次いでその服装や店の什器備品，サービスの提供過程が重要となる。

　サービス経済化が進展し，「**サービスマーケティング**」が重要となっている。サービスはモノと異なり，無形で在庫できず，すぐ消滅してしまう。モノは均質だが，サービスの質は変動し，その効用も消費者により異なる。サービスは生産・消費が同時・不可分で，輸送不可能であり，生産者・消費者の近接性が必要となる。消費者の可処分所得が上がり，欲求も高度化するにつれて，モノよりもサービス（コト）が大事になってきている。

図 5-4　マズローの欲求段階説と物事の比重の関係

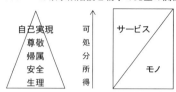

出所：Looy et al. 2003 より作成。

　Vargo and Lusch (2004)は，商品を基にした考え方（Goods-dominant Logic）から，サービスを基にした考え方（Service-dominant Logic）への転換を唱えている。彼らによれば，Goods（有形財）も Services（無形財）も，消費者に効用を運ぶ仕掛けに過ぎない。モノもサービスも，消費者に効用をもたらすための「からくり」であり，本質的なのは両者の上位概念である，単数形の Service（効用）であるという。

　他方 IT の進歩により，e コマースや国際物流など，サービス業の国際展開が加速化している。企業のサービス活動はグローバル市場でも拡大しており，グローバルなサービスマーケティングが必要になっている。

　ここで国別に広告メディアの利用度をみてみよう。スウェーデンやドイツなど，合理性を重んじる国は印刷物の比重が高いが，ブラジルや日本など，情緒性の豊かな国はテレビの利用度が高いことが分かる。

表 5-3　各国における各広告メディアの利用シェア

(%)

	印刷物	テレビ	ラジオ	移動物	映画
スウェーデン	86.7	8.0	-	4.6	0.7
ドイツ	76.3	16.1	3.6	3.1	0.9
イギリス	62.1	31.7	2.0	3.6	0.6
スペイン	55.3	28.8	10.6	4.6	0.7
米国	52.5	35.3	10.9	1.3	-
フランス	51.3	29.5	6.6	12.0	0.6
韓国	47.1	29.0	5.0	18.9	
日本	38.5	40.2	5.7	15.6	
アルゼンチン	37.9	36.2	10.5	11.5	3.9
ブラジル	35.6	58.0	4.6	1.8	

出所：諸上・藤沢 2005 より作成。

なお上記データは 1995 年のもので，インターネット広告が 1997 年頃から出現し，急成長している。このため IT のマーケティングへの影響をみてみよう。アジアでも IT 機器が急速に普及し，情報入手手段として重要になっている。

表 5-4　情報入手手段としての重要性

(%)

	シンガポール	クアラルンプール	メトロマニラ	バンコク	ジャカルタ	ホーチミンシティ	ヤンゴン	デリー	ムンバイ
携帯	67.3	71.0	64.9	47.3	43.6	53.1	43.6	51.5	59.3
口コミ	57.6	47.1	51.3	29.1	34.0	50.8	50.8	48.8	77.3
広告	38.4	55.6	46.6	37.0	28.6	34.0	39.4	26.5	56.3

出所：博報堂 2016 より作成（携帯にはスマートフォンを含む）。

しかし情報メディアとしての分かりやすさでは，特に新興国ではテレビが圧倒的に優位である。ただしシンガポール，クアラルンプール，ホーチミンシティといった都市では，IT 機器もよく活用されている。

表 5-5　情報メディアの分かりやすさ

(%)

	シンガポール	クアラルンプール	メトロマニラ	バンコク	ジャカルタ	ホーチミンシティ	ヤンゴン	デリー	ムンバイ
テレビ	64.5	64.9	93.5	88.1	88.0	94.8	91.4	86.6	88.8
スマホ	56.9	49.3	25.0	39.6	22.5	42.8	28.2	22.9	46.0
パソコン	53.5	45.7	39.0	19.3	7.1	45.4	3.8	11.3	40.4
新聞	44.7	53.5	35.5	32.8	13.4	59.8	37.8	33.6	59.5

出所：博報堂 2016 より作成。

消費者の購買行動は，従来 AIDMA というプロセスを辿ると言われてきた（Attention-Interest-Desire-Memory-Action）。その後インターネットの普及を受け，電通は AISAS を唱えている。Attention-Interest の重要性は変わらないが，後段が Search-Action-Share に置き換わった。消費者が自ら検索し，購買して，SNS などで情報共有するプロセスが重要となっている。さらに Search の後に Comparison と Examination を加えた，AISCEAS という言葉も生まれている（アンヴィコミュニケーションズ 2005）。

第4節　サプライチェーンマネジメント

- 「**ロジスティクス**」とは「**戦略的物流**」のことを意味する。
- 「**サプライチェーン**」（供給連鎖）とは，製品供給網に関係する全企業の連鎖のことをいう。その「全体最適」を IT 技術などにより目指すのが，「**サプライチェーンマネジメント**」（SCM）である。

「**ロジスティクス**」とは元々「兵站法」，即ち兵力を支援する軍事物資の調達や供給に関する言葉だったが，企業間競争が激化するなか，調達，生産，販売，流通といった活動が重要性を増し，「**戦略的物流**」のことを意味するようになった。

これを分類すると，製造業の場合，部品調達が「インバウンドロジスティクス」，保管後加工し出荷するまでが「生産ロジスティクス」，販売以降の流通が「アウトバウンドロジスティクス」となる（図 5-5）。

図 5-5　ロジスティクスの 3 段階

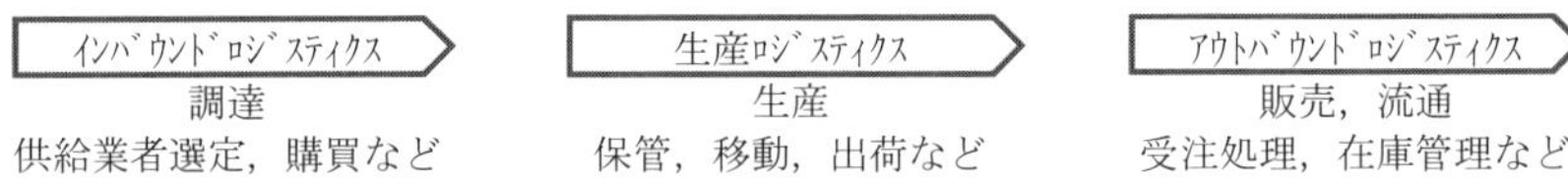

インバウンドロジスティクス	生産ロジスティクス	アウトバウンドロジスティクス
調達	生産	販売，流通
供給業者選定，購買など	保管，移動，出荷など	受注処理，在庫管理など

出所：安田 2002 より抜粋。

これに対し「**サプライチェーン**」（供給連鎖）とは，製品供給網に関係する全企業間の連鎖をいう。納入業者から小売に至る，関連企業すべての「全体最適」を目指すものである。モノが充足するなか，サービスが重要となり，補修部品の提供や修理・クレーム対応などのアフターサービスも重要となっている。

これを IT 技術などにより最適に管理するのが，**サプライチェーンマネジメント**（SCM）である。サプライチェーンマネジメントは，商品企画，開発設計，部品調達，販売，アフターサービスなど，一連の供給の流れに関連している。データベースなどを用いて関係者間で情報を即時共有し，原材料や部品の調達まで遡って管理し，在庫削減など物流全体を効率化させることが求められてい

る。

　米国のウォルマートは，早期から物流施設や車両，関連システムなどに投資し，流通コストを削減して"Everyday Low Price"を達成してきた。その物流センターは高度に機械化され，壮観である。仕入れた単品を，店別に仕分けして積み替え，出荷する作業場は，「**クロスドック**」とよばれている（図5-6）。

図5-6　クロスドックのイメージ

出所：筆者作成。

　パソコン通信販売のデルの組立工場には，サプライヤーの車が頻繁に訪れ，部品を遅滞なく届けている。インターネットで注文を受けると，情報が即時に共有され，組立作業が始まる。最近はプラスチック成型品ではめ込むだけの工程も多く，数分で作業が終わるという。完成後は迅速に消費者の手元に届けられる。サプライチェーンは，**ビジネスモデル**にも密接に関連している。

　味の素のサプライチェーンは全世界に拡がっている。研究所の技術を世界中の工場に導入し，大量の MSG（アミノ酸）を生産してコスト競争力を高め，新興国でも拡販している。原料調達や生産は「世界最適立地」となっている。調味料は風味や名称を現地に合わせ，所得の低い市場では小分けにして販売し，新興国でも着実に浸透している。多様な食材を仕入れつつ，冷凍食品など加工食品を世界各国に供給している。

　なおサプライチェーンが世界中に拡がると，CSR（企業の社会責任）の観点が重要となってくる。海外のサプライヤーが違法な取引をすれば，購買した調達側も責任を問われかねない。一例としてイケアは，東欧やアジアに調達先を広げてきたが，過酷な労働環境を強制していた供給業者から購入したため，責任を問われたことがあった。供給業者を選別する力も求められている。

第5節　グローバルバリューチェーン

- 「グローバルバリューチェーン」(GVC)においては，**フラグメンテーションとアウトソーシング**が進んでいる。先進国企業は，GVCの全体管理や再構築に注力している。
- 新興国企業は，それぞれの得意分野でGVCに参加しようとしている。GVCへの参加は，需要変動のリスク（**ブルフィップ効果**）を伴うが，雇用創出や技術移転の面でメリットも多い。
- AECでは関税が撤廃されるため，グローバル企業はアジアに地域統括拠点を設け，域内最適地における生産・販売体制を再構築しようとしている。「タイ+1」の動きも起きている。

　グローバルバリューチェーン（GVC：グローバルな価値連鎖）においては，**フラグメンテーション**（工程分断）と**アウトソーシング**（外注化）が進んでいる。このため先進国企業は，バリューチェーン全体の再構築に注力している。また新興国企業は，それぞれの得意分野でGVCに参加しようとしている。アジアにおいては，日韓などが高度な部材を供給し，新興国も提供可能な工程を担い，中国が最終組立を行って，欧米に輸出する構造となっている。

　GVCは次図の如く，5つに類型化されている。このうち「市場型」は，スペックを指定した上で，市場価格を通じ条件を調整するものである。また「モジュール型」は，はめ込めばすぐに組み立てられる（ターンキー）ように，部品を「モジュール」にまとめて提供するやり方である（パソコンなど電気機械に多い）。これに対し「すり合わせ型」は，売り手と買い手が信頼関係のもと密接に調整を行い，相互作用の中で必要な部品を仕上げていくやり方である（航空機，輸送機械など「インテグラル型」の産業に多く，豊田市のような産業集積地で成立しやすい）。他方「従属型」は，巨大なバイヤーが，中小のサプライヤーを支配・統制する形である。「垂直統合型」は，工程を垂直統合した企業がすべてを担うやり方である。

図 5-7　GVC の 5 類型

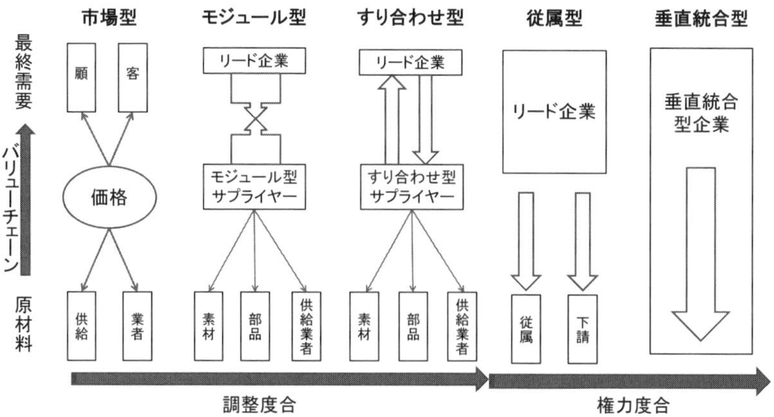

出所：Gereffi, Humphrey and Sturgeon 2005 より作成。

　GVC への参加は，需要変動のリスク（**ブルフィップ効果**：カウボーイの「牛鞭」の振幅が，手元から先端に行くほど大きい様に例えたもの）を伴うが，雇用創出や技術移転の面でメリットが多い。グローバルな付加価値創出網（ネットワーク）において，新興国はニッチなポジションをみつけ，直接投資を誘致して技術を学び，産業構造を高度化させている。一例としてアジアにおける繊維業の付加価値創出構造は，次のように高度化してきている。

図 5-8　アジアにおける繊維業の付加価値創出構造の高度化

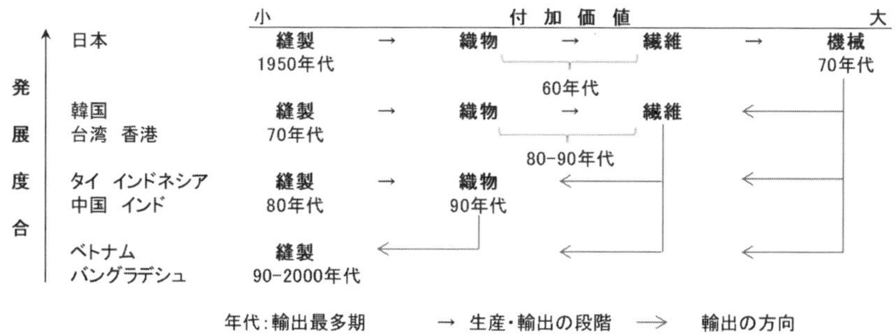

出所：Gereffi 2005 より作成。

AECでは域内関税が撤廃されており，グローバル企業はアジアに**地域統括拠点**を設け，AEC域内の「最適地」における生産・販売体制を再構築しようとしている。

日系の縫製メーカーは，ベトナム国境に近いカンボジアのバベットに生産拠点を設け，ベトナムを通じ原材料を供給し，カンボジアで加工を済ませ，ホーチミンシティから日本ほかへ輸出している。人手不足で人件費の高騰しているタイから，国境近くのカンボジア（コッコン，ポイペト）やラオス（サバナケット）内の生産拠点へと，労働集約的工程を移す，「**タイ+1**」の動きもみられる。アジアとの関係が深い日本企業は，大きな変化の時期を迎えている。

ただしアジア諸国では必ずしも物流インフラが十分ではなく，業務サービスの改善も課題となっている。

第6節　製造小売

- 「**製造小売**」とは，顧客需要に即し自ら商品を企画し，低コストで生産／調達を行い，自店舗で直接販売する業態で，「自社ラベル製品小売」というのが実態である。
- 従来の**サプライプッシュ**ではなく，**ディマンドプル**のやり方であり，消費者の満足する価格と品質を達成している。

「製造小売」とは，顧客需要に即し自ら商品を企画し，低コストで生産／調達を行い，自店舗で直接販売する業態である。GAPは自らをSpecialty Store Retailer of Private Label Apparelと命名，ユニクロやZARA，H&Mといったブランドの普及とともに，SPAという略語が広まった。実際には自社で製造せず，外部委託先からの調達に依存しているため，本来は「自社ラベル製品小売」と訳すのが適切と思われる。アパレル以外の業種（イケア，ニトリなど）も含むことがある。製造小売のオペレーションは，グローバルに展開されている。H&Mはスウェーデンの会社だが，中国やアフリカでも調達を行っている。

第6節 製造小売　57

製造小売の仕組みを理解するため，**バリューチェーン**の枠組みを用い，次図でビジネスモデルを比較検討してみよう。

図5-9　小売業界・アパレル関連業界のバリューチェーン

	MD	店舗運営	マーケティング	販売	サービス
百貨店	最新・高付加価値商品選定，必要数のみ仕入	一等地・高付加価値な内装・陳列	広告宣伝，ブランディング会員組織	スタッフによる丁寧な接客・販売	包装・見送りアフターサービス
ディスカウントストア	型落ち等の低コスト商品の大量仕入	郊外低価格前提の単純陳列	広告・チラシ	レジ打ち	無し

	商品企画	製造・仕入れ	出荷	店舗オペレーション	販売	サービス
一般的なアパレルメーカー（オンワード）	高付加価値商品企画	必要数の順次製造	百貨店へ卸売（価格決定権無し）又は百貨店で委託販売（価格決定権あり）	一等地・高級な内装/陳列（百貨店）	百貨店スタッフによる丁寧な接客・販売	包装・見送り・アフターサービス
海外ファストファッション（H&M）	最新商品，超低コスト商品企画	少量多品種一括製造・買い取り	直営店へ一括配送（既存商品補充無し）	一等地・低価格前提の単純陳列	セルフによるレジ精算	無し
日本型ファストファッション（ユニクロ）	高機能・低価格商品企画	大量一括製造・買い取り	直営店へ配送	郊外・低価格前提の単純陳列	セルフによるレジ精算	無し

出所：エデュケーション社ウェブサイト。
(http://www.educate.co.jp/glossary/1-management/131-2011-03-31-07-50-56.html)

　小売業界のうち百貨店は，高額商品を手間暇かけて販売し，買い物そのものを楽しめるように配慮している。一方ディスカウントストアは，廉価品を効率的に販売することに特化している。

　またアパレル業界では，従来は百貨店を通じた販売が多かったが，製造小売が出現，顧客ニーズに即した商品を企画し，安く製造／調達，自社店舗で売り切り，流通コストや返品リスクを回避している。

　従来日本のアパレル業界では，百貨店や大規模小売店などが，製造業者から商品を多めに仕入れ，売れ残りは返品されるのが一般的であった。このやり方では，関係者が在庫リスクを負うため，売値も高止まりせざるを得なかった。

しかし顧客のニーズに合った商品だけを開発し，必要十分な量だけを生産して売り尽くせれば，在庫リスクは大幅に減少する。そこでは大まかな見込生産でなく，顧客需要に即して商品企画や生産を進めることが鍵である。この意味で，「**企画製造小売**」という言葉も生まれている。

　見込生産では欠品を避けるため，納入業者が多めに納入し，生産ラインも多めに在庫を抱えざるを得ない。これに対し製造小売では，顧客の需要に応じて製造を進めるため，在庫リスクを削減できる。需要予測の精度を高めれば，ジャストインタイム（JIT）方式の「適時生産」も可能となる。

　流通段階に代理店などの卸売業者がいた伝統的な業界では，製造小売方式により流通コストを中抜きすることができる。当初は一次卸・二次卸など，関係者の抵抗が強かったが，デフレのなかで高いものは売れず，古い仕組みが淘汰され，製造小売方式が普及していった。

　斉藤（2014）によれば，ファッション業界では，「デザイナーが（時に独りよがりの）つくりたいものをつくり，それを顧客が買わせてもらう」というやり方がとられてきた（**サプライプッシュ**）。これに比べ ZARA（インディテックス）は，街や店舗で女性の着こなしを観察することに注力し，売れ筋と判明した商品を迅速に増産することで対応している（**ディマンドプル**）。スペインほかで集中生産した商品は，自社倉庫でハンガーにつるされたまま高速仕分けされ，全世界へ 2 日以内に配送できるシステムが構築されている。

　一方ユニクロ（ファーストリテイリング）は，品質の安定したベーシックカジュアルを低価格で提供している。東レやクラボウと連携し，フリースやヒートテックといった新素材も投入しながら，定番の商品を企画し，欠品なく供給できる体制を整えている。生産委託先は，中国から AEC，南アジアに拡がっている。「匠」とよばれる染色などの専門家が指導しているため，品質の水準が保たれている。中間マージンを削減したので値頃感があり，普及している。目の肥えた日本の消費者が満足する品質と価格を，アジアの生産体制で達成したことに大きな意義がある。ZARA との比較では，トレンドのファッションでなく定番商品という違いはあるが，両社とも顧客ニーズを最優先させ，自ら商品を企画し自店舗で直接販売するという点で共通している。

第7節　地域統括会社

・**地域統括会社**は，地域全体の事業戦略策定，生産・販売・物流の統括，投資・資金管理などを，特定拠点に移管して行うものである。シンガポールやタイが誘致を競い合っている。AEC 統合の動きは，これを加速させている。

　地域統括会社とは，例えばアジア全体の事業戦略策定，生産・販売・物流の統括，投資・資金管理などを，特定拠点に移管して行うものである。地域統括会社にはさまざまな類型があり得るが，ラサールらは「グローバル地域統括会社」と「マルチドメスティック地域統括会社」を挙げている（Lasserre and Schutte 1999）。前者では本国本社の命令系統が強く，地域統括会社は本社の延長線上にあり，合理的・効率的な形である。これに対し後者では，地域統括会社の権限が強く，より地域にコミットしており，地域の利益のため時に本社と戦うこともあり得るような分権体制である。

　地域統括会社には高度な経営資源（ヒト，モノ，カネ，情報）が集中するため，シンガポールやタイが誘致を競っている。シンガポールは人件費や賃料が高いが，金融や物流が発達しており，**華僑**や**印僑**とのネットワークもある。一方タイは自動車や食品などの製造業が集積しており，陸路を通じて近接する**CLMV**（カンボジア，ラオス，ミャンマー，ベトナム）への展開にも有利である。いずれも親日的で，日系企業の地域統括拠点に適している。

　地域統括会社の機能としては，現地調査，人的資源管理，調達・物流，生産管理，販売・マーケティング，財務・金融，研究開発，IT 支援，法務・監査などがある。AEC が完成すれば，域内の関税がなくなり，中国ほかとの自由貿易協定の恩恵も受けられる。従来国別の現地法人毎に調達や物流を分けて行っていた場合，これを少数の信頼できる業者にアジア規模で一括して委託すれば，業務を大幅に合理化できる。別々に**資金管理**を行っていたものを一元化すれば，**キャッシュマネジメント**や**為替管理**が容易になり，投資資金を効率的に活用できる。日本製品は人気で模倣品が後を絶たず，**ブランド**や**知的所有権**の管理が

必要だが，アジアをカバーする法律事務所に依頼すれば，これを合理化できる。ソニーはシンガポールの地域統括拠点で，アジア人材の研修も行っている。

　パナソニックはさまざまな機能を地域統括会社に移管している。シンガポールの東南アジア統括拠点に加え，インド事業所に南アジアの統括機能を付与し，中東・アフリカへの事業展開も担わせる方針である（同社 IR 資料）。

　地域統括会社の設立に際しては，例えば既存の子会社株式を現物出資して，地域統括会社をシンガポールに設ければ，マレーシアやインドネシアに分散していた子会社を「孫会社」として管理できる。配当・利子，マネジメントフィー，ロイヤルティなどは，これまで日本に還流して高率の税を課されていたが，シンガポールの税減免を受けた上で，内部留保を再投資に回しやすくなる。ただし日本としては，税収減となるのが悩ましいところである。

第 8 節　現地適応

- これまで**グローバル化**が進展してきたが，最近は地域毎の差異が認識され，むしろ**現地適応**の方策が重視されるようになってきている。

　製品を標準化しグローバル市場に販売するか，それとも各国別の現地市場に適応させるかという議論は，以前から存在する。1950 年代は米国企業が優勢で，アメリカナイゼーションが進む中，前者の論調が国際広告のやり方などを巡り優勢であった。しかし 1970〜80 年代に日欧企業が追い上げると，現地市場への適応化の議論がなされるようになった。Porter（1986）は，ブランド名や製品のポジショニング，品質保証，広告テーマなどは標準化が容易だが，流通，人的販売，販売員の訓練，価格設定，広告媒体の選択などは標準化が困難だとしている。

第1項　グローバリゼーション対ローカライゼーション

　米フォードは標準化したT型フォードを大量生産し，低価格で販売した。このようなコスト効率を志向するやり方を「フォーディズム」という。しかし黒一色の武骨な車は，豊かになった消費者に飽きられ，GMの多種多様な車が人気を博すようになった。これと同じようなことが，世界でも起きている。「世界単一市場」に標準化された製品を大量供給する**グローバリゼーション**と，各国の文化や消費者の嗜好の違いに個別対応する**ローカライゼーション**である。米国企業は前者，欧州企業は後者の考え方に立つところが多い。

　Fortune誌の"The World's Most Admired Companies"（世界で最も称賛される企業）2016によれば，1位アップル，2位グーグル，3位アマゾン，4位バークシャーハサウェイ（保険），5位ウォルトディズニー，6位スターバックス，7位サウスウェスト航空，8位フェデックス，9位ナイキ，10位GEと，米国が上位を独占している。アジア企業は28位トヨタ，35位サムスン位である。

　標準化と大量生産によりコストを低減し，効率性と規模の利益を追求するグローバリゼーションのやり方は，「マクドナルド化」と端的に表現されている（Ritzer 1993）。特に2001年の米同時多発テロは，世界の知識人に衝撃を与えた。ナイキなどを批判した *No Logo*（邦訳『ブランドなんか，いらない』）を著した，カナダのジャーナリストであるナオミ・クラインは，市場主義のもと世界の均質化を志向する「マックワールド」と，民族や地域の持つ文化の固有性を堅守し，他者の介入を拒絶する「ジハード」の狭間で，世界が揺れ動いているとみている（Klein 2002）。米ジャーナリストのフリードマンも，中東の宗教戦争などを踏まえ，ロボットが大部分を製造するトヨタの「レクサス」（グローバル化の象徴）と，民族の文化など地域の伝統的価値観を象徴する「オリーブの木」を対比させている（Friedman 1999）。コンサルティング会社ベイン会長のオリット・ガディエシュ女史（イスラエル出身）は，新興国では過剰品質でない「ほどよい」市場（"Good Enough" Market）が拡大しているとし（Gadiesh et al. 2007），ブランドマネジャーたちに"Localize, localize and localize"という戦略を推奨している（Gadiesh 2005）。このような状況下，マ

クドナルドは世界各地で批判を受け，最近はメニューを一部カスタマイズするなど，現地化の努力を余儀なくされている。

　グローバル企業は事業展開上，イスラム文化への対応が必要となっている。マーケティング上，イスラム社会では女性への直接的接触が困難である。夫は企業が妻に直接接触するのを嫌忌するため，女性向けのダイレクトメールは家族の長である男性に開封されることになる。女性消費者へのアプローチは，女性専門店，女性販売員，女性雑誌などを介し，慎みのある表現にする必要がある。イスラム穏健派のマレーシアでも白人を用いた広告は不評で，アルコール飲料や男女の表現は節度が必要となっている。

　このような環境下，ユニチャームは中東が乾燥した水不足の地域であることに着目し，紙おむつを拡販している。イスラム圏の広告では乳児でもお尻を見せられないが，サウジアラビアの企業を買収し，伝統的市場「スーク」への販売網や人脈を活用し，先行するP&Gのシェアを奪っている。他方韓国企業も上手に対応しており，サムスンは携帯電話にコーランのMP3ファイルを内蔵し，LGは在宅率の高いラマダンの時期に新番組でPRを行い拡販に成功している。その他菓子類や，果実ジュースなどノンアルコールドリンクは発展の可能性があり，日本企業も参入機会を窺っている。

第2項　現地適応の理論

　ゲマワット氏はインドに生まれ，ハーバード大学ビジネススクール最年少の23歳で教授となり，バルセロナのIESEビジネススクールでも教鞭をとるようになった人物である。2008年のリーマンショック，ギリシャの財政破綻とEUの経済危機は，「市場の失敗」とみなされ，イスラムによる「聖戦」も各地で起きている。同氏によれば，自給自足経済が国内で完結していたWorld 0.0を経て，ナショナリズムのもと各国政府が保護主義により国内市場を規制したWorld 1.0の後，世界市場を統合しグローバル化を志向するコスモポリタンなWorld 2.0が現れ，今現実の世界はWorld 1.0とWorld 2.0の間で揺れ動いており，セミグローバリゼーションであるWorld 3.0に昇華することが必要だという。

図 5-10　新たな世界観

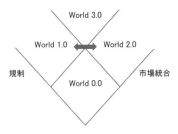

出所：Ghemawat 2011 より作成。

　Friedman（2005）は世界が「フラット化」する可能性を示唆したが，Ghemawat（2007）は**現地適応**を重視し，世界が「**セミグローバル**」に留まると唱えた。その根拠が，文化・制度・地理・経済的な隔たり（Cultural, Administrative, Geographic and Economic Distances: **CAGE**）である。

表 5-6　文化・制度・地理・経済的な隔たり（CAGE）

文化的 Cultural	民族、言語、宗教、 価値観、規範など
制度的 Administrative	加盟国際機関、貿易ブロック、通貨、 法律、規則、各種制度、汚職など
地理的 Geographical	立地、国境、国の規模、距離、時差、 交通、通信網、気候、衛生状態など
経済的 Economic	経済規模、資源、インフラ、 所得、貧富の差、情報コストなど

出所：Ghemawat 2007 より作成。

　ゲマワットはこのような差異に対し，「3つの戦略オプション」（ＡＡＡ)を提案している。衣食住など生活関連産業のように国毎に嗜好が異なる場合，「**適応**」が重要になる。一方自動車などは国毎の差異が少なく，標準化・共通化の上「**集約**」できる部分が多い。トヨタの世界戦略車「**IMV**」プロジェクト（第 7 章第 2 節で説明）は，その例である。ただし必ずしもすべてを標準化できるものではなく，重点の置き方の問題である。マーケティングの 4P で考えると，製品は比較的標準化しやすいが，価格，販売経路，販売促進は現地に合わせること

が多い。さらにサービスマーケティングの 7P で考えると，人材，過程，物的証拠も現地化が必要な事項である。

表 5-7　戦略のオプション（AAA）

適応 Adaptation	本社の活動方法を修正し、現地市場に適応　例:衣食住産業
集約 Aggregation	差異を捨象し事業を集約化、規模の経済を追求　例:トヨタ
裁定 Arbitrage	地域、文化、制度、経済面など、国毎の差異をうまく活用　例:インドでのソフトウェア開発

出所：Ghemawat 2007 より作成。

　これは次のような三角形として表現される。市場のグローバル化が限られる場合は「適応」が適切だが，進んでいる場合は「集約」を重視すべきである。両者はトレードオフの関係にある。前述の I-R グリッドに当てはめれば，集約はグローバル統合（Integration），適応はローカル適応（Responsiveness）に該当する。

図 5-11　AAA トライアングル

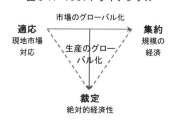

出所：Ghemawat 2007 より作成。

　さらに生産のグローバル化が進むと，「適応／集約／裁定」の 3 つのトレードオフに発展する。ここでは技術や生産コストの差異を活かし，「**裁定**」を行う可能性が生まれる。欧米ファーストファッション企業の多くは，バングラデシュで縫製工程を外部委託し，調達コストを抑えている。そのように，企業の選択肢の幅が拡がることになる。なお企業の戦略志向性は，売上高に対する広告宣伝費（適応），研究開発費（集約），労働費（裁定）の割合を尺度として把握することができる。

ゲマワット教授は、まず現地市場に適応するため、製品やサービスを「多様化」させることを重視しているが、それによるコスト増を「集約化」により抑える必要もあり、「スマートな適応化戦略」を推奨している。

図 5-12　適応化

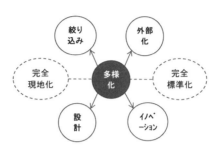

出所：Ghemawat 2007 より作成。

「完全現地化」と「完全標準化」の間で、海外に進出する企業に求められるのが「**多様化**」だが、そこには「絞り込み」、「外部化」、「設計」、「イノベーション」という 4 つのオプションがあり得る。

その内容は、次表の通りである。欧米ファーストファッション企業は、ターゲットを「**絞り込み**」、流行に敏感な中所得層を主対象としている。「**外部化**」は、現地企業との合弁事業を通じ、その販売ネットワークの力を借りるようなことである。「**設計**」の例はモジュール化や、多能工による「セル生産方式」などである。

表 5-8　適応化のツール

多様化	製品、方針、数値目標の調整、ポジションの変更
絞り込み	多様化の必要性を減らす 製品／地域／セグメント／垂直的な絞り込み
外部化	多様化の負荷を減らす 戦略的提携、フランチャイズ化、ネットワーキング
設計	多様化のコストを減らす 規格化、モジュール化、領域分割、柔軟化
イノベーション	多様化の効果を高める 移転、現地化、再結合、変革

出所：Ghemawat 2007 より作成。

このうち「**イノベーション**」に関しては，さらに次表のような方法がある。

表 5-9　適応のためのイノベーションの方法

移転	本社のイノベーションを現地に応用
	例：ディズニー―ラテンアメリカはディズニー体験を中南米に伝播
現地化	現地でのイノベーションを活用
	例：ヒンドゥスタンリーバは，指で使う歯磨き粉，手洗い洗濯用の棒状石鹸，美白クリーム，シャンプー兼ヘアオイルなどを開発
再結合	本社のビジネスモデルの要素を現地の新たな状況で発生する機会と合体 元の方法を尊重しつつ，新たな方法を加え，斬新な方法を生み出す
	例：スターTVはインド人の好みを取り入れ人気番組を制作
変革	現地の環境を変え，適応せずに済むようにする
	例：スターバックスは禁煙の方針を守り日本に進出，「喫煙者に不評では」という予測を覆し，新たに女性客を取り込んで成功

出所：Ghemawat 2007 より作成。

「**移転**」とは，同じノウハウを海外にも適用する「横展開」のようなことをいう。「**現地化**」は，現地発のアイデアを活かし，現地に合わせた新製品を開発・投入することであり，欧州企業によくみられる。「**再結合**」は，本国のやり方を現地で生まれた機会と合体させ，ハイブリッド的な方法を創出することで，日本企業ほかで観察される。「**変革**」は現地市場を改変し，本国の方法に合わせてしまうやり方であり，米国企業に多くみられる。

　日本企業はインドへの進出に際し，**カイゼン**や**5S**（整理，整頓，清掃，清潔，躾）といった日本的経営の精神を伝えつつ，インフラの未整備や異質な組織文化といった過酷な経営環境のなかで，現地の資源を活用した経営を行っている。例えばスズキはハリヤナ州のマネサール工場において，静岡の湖西工場に似せた直線的なラインを設置したが，現地サプライヤーの部品納入を効率化させるため，工場建屋に横穴を空け，横付けしたトラックから部品が自重でライン脇まで届くように工夫した。これは本社のやり方を現地に合わせた，「再結合」の例と考えられる。

第9節　異文化と経営上の諸問題

・ホフステッドらは，世界各国の**文化**について研究を続け，いくつかの有益な

指標を抽出した。
・トロンペナールスらは，世界各国の企業文化を類型化し，**異文化経営**に重要な示唆を与えている。

第1項　ホフステッドの研究

　第1章第2節で異文化における経営に簡単に触れたが，日系企業の海外進出増に伴い，文化の差異を理解しつつ現地化していくことが重要となっており，ここで再度詳しく取り上げる。

　マーストリヒト大学のヘールト・ホフステッド名誉教授は，世界各国のIBM社員のデータを分析し，次のような指標を抽出した。

表 5-10　ホフステッド研究の指標

権力格差	各国の制度・組織において，権力の弱い成員が，権力が不平等に分布している状態を予測し，受け入れている程度（大→中央集権，監督者多数，事務労働を評価，給与格差大，特権が存在；小→分権，監督者少数，肉体労働も評価，給与格差小，中間層が多数）。
男性性	男性は自己主張が強く物質的な成功を目指し，女性は謙虚で優しく生活を世話するなど，男女の情緒的な役割が明瞭に区分。夫は裕福，妻は貞淑で勤勉。挑戦，競争，出世，収入を重視。
女性性	男女の情緒的な役割が重複。人間関係，生活の質を重視。男女平等，余暇重視。
不確実性回避	未知で曖昧な状況に対し脅威を感じる程度（大→正確，時は金なり，保守的，不安，ストレス；小→曖昧，寛容，受容的，調和，リラックス）。
個人主義	個人間の結びつきが緩やか（人はそれぞれ自分と肉親の面倒をみればよい）。職業移動が頻繁。所有権は個人のもの。不法行為は自尊心に影響。自律とプライバシー。
集団主義	成員同士の結びつきが強い集団に誕生時から統合，集団に忠誠を誓う限り生涯にわたり保護。職業移動は少ない。資産は親族と共有。不法行為は集団の恥。愛国主義も。
長期志向	未来の報酬を志向。忍耐や倹約，環境変化への適応など，実践的な徳を育成。学習重視。統合的。
短期志向	消費性向高。すぐ結果を求める。業績重視。分析的。
放縦	人生を愉快に楽しむなど，人間の自然な欲求を自由に充足。余暇重視。ゆるい社会。
抑制	厳しい社会的規範により，欲求の充足を規制。倹約重視。きつい社会。

出所：Hofstede, Hofstede and Minkov 2010 より作成。

　その研究の主眼は欧米諸国の比較にあり，日本に関する記述は存在しても，他のアジア諸国への言及は稀であった。ただしデータ面では，息子のヘールト・ヤン・ホフステッド（ワゲニンゲン大学准教授）らが加わり，改訂が続けられている（上記「放縦／抑制」指標も，後で追加）。そこで以下では，古典的な研究では関心の乏しかった，アジア諸国を中心に採り上げる。

表 5-11　ホフステッド研究におけるアジア諸国のスコア

権力格差		男性／女性性		不確実性回避		個人／集団主義		長期／短期志向		放縦／抑制	
マレーシア	104	日本	95	日本	92	日本	46	韓国	100	マレーシア	57
フィリピン	94	中国	66	韓国	85	インド	48	台湾	93	台湾	49
中国	80	フィリピン	64	パキスタン	70	フィリピン	32	日本	88	シンガポール	46
バングラデシュ	80	香港	57	台湾	69	マレーシア	26	中国	87	タイ	45
インドネシア	78	インド	56	タイ	64	香港	25	シンガポール	72	フィリピン	42
インド	77	バングラデシュ	55	バングラデシュ	60	中国	20	インドネシア	62	日本	42
シンガポール	74	マレーシア	50	インドネシア	48	シンガポール	20	香港	61	インドネシア	38
ベトナム	70	パキスタン	50	フィリピン	44	タイ	20	ベトナム	57	ベトナム	35
香港	68	シンガポール	48	インド	40	ベトナム	20	インド	51	韓国	29
タイ	64	インドネシア	46	マレーシア	36	バングラデシュ	20	パキスタン	50	インド	26
韓国	60	台湾	45	中国	30	韓国	18	バングラデシュ	47	中国	24
台湾	58	ベトナム	40	ベトナム	30	台湾	17	マレーシア	41	バングラデシュ	20
パキスタン	55	韓国	39	韓国	29	インドネシア	14	タイ	32	香港	17
日本	54	タイ	34	シンガポール	8	パキスタン	14	フィリピン	27	パキスタン	0

出所：Hofstede, Hofstede and Minkov 2010 より作成。

　世界各国のスコアは，概ね 0〜120 の範囲に分布している。欧米諸国は概して「個人主義」が強いが，アジアは全体的に「集団主義」に偏っている。日本は欧米に比べると集団主義的だが，アジアに比べると個人主義的である。また欧米諸国は全般に「放縦」の度合いが強いが，アジア特にイスラム圏は，宗教的な制約もあり「抑制」度が高い。日本は自然災害などが多いため，「不確実性回避」度が強く，あらゆるリスクを事前に調べ，社内各階層の総意として意思決定を行うため，判断に時間がかかり，変革も困難だとされる。

　これを散布図にしてみると，日本のポジショニングは，東南アジアや南アジアと異なっている。また南アジアをみると，インドがアジアでは個人主義が強い方に属し，バングラデシュは権力格差が大きく，パキスタンは非常に抑制的であることが分かる。

図 5-13　アジア各国の文化の位置づけ

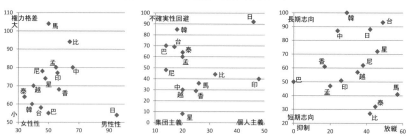

出所：Hofstede, Hofstede and Minkov 2010 より作成。

日：日本，韓：韓国，中：中国，香：香港，台：台湾，星：シンガポール，馬：マレーシア，泰：タイ，尼：インドネシア，比：フィリピン，越：ベトナム，印：インド，孟：バングラデシュ，巴：パキスタン

　ホフステッドは,「各国が何を考えながら組織を作ったか」について，次のような独自の見方を紹介している。欧米諸国に関する観察は比較的理解しやすいが，わが国は「日本」となっている。

表 5-12　各国組織の思想的背景

アメリカ：市場，フランス：権力，ドイツ：秩序，ポーランド・ロシア：効率性，オランダ：合意，北欧：平等，イギリス：システム，中国：家族，日本：日本

出所：Hofstede, Hofstede and Minkov 2010 より作成。

　これについてホフステッドは説明を省いているが，ここで想起されるのは，松下幸之助が「日本産業株式会社」のもと「国のために働く」という道を示したことである（松下 2007，松下政経塾 2010）。ホフステッドは，日本を男性的で長期志向の強い社会と位置づけている。「日本人は日本のことを考えて組織を作った」という見方は，神道的な「お国のために働く」といった考え方のことを言っているのではないかと思われる。

第2項　トロンペナールスの研究

　一方オランダのコンサルタント，アルフォンス・トロンペナールスも，精力的に異文化経営の研究を行っている。ドイツ人の父とフランス人の母を持ち，ウォートンビジネススクールで学び，ロイヤルダッチシェルでの海外経験を活かし，チャールズ・ハムデンターナーと共に，国際経営の研究を続けている。ただし一連の著書では，欧州諸国や米国の比較が中心で，日本も独特な国として紹介されているものの，他のアジア諸国の記述は少ない。そこで，アジアに関するデータを集め，次表に示す。なお具体的な質問内容は，順に次の通りとなっている。

企業観
企業：企業は「協働のための社会集団」というよりも「業務遂行用のシステム」とする者の割合
普遍／個別主義
遵法：友人の車が歩行者をひいた場合，個別の特殊事情を勘案するよりも，普遍的な規則に従う者の割合
真実：友人が開業した飲食店の味がまずい場合，新聞記者としては脚色した記事を書かない者の割合
査定：友人が多額の保険金を必要としていても，医師としては甘い診断を下さない者の割合
個人／集団主義

成長：集団のため個人の自由を阻害するより，個人が最大の成長機会を得た時，生活の質が向上すると考える者の割合
評価：皆で共に働き集団の成果とするよりも，個別に働き個人が評価を得る組織形態の割合
引責：過失の責任は，集団の連帯ではなく，個人で引責すべきとする者の割合
感情
抑制：職場で感情を表さない者の割合
限定／外延的
公私：上司の家のペンキ塗りを拒否する者の割合
社宅：企業が住宅を提供する必要はないとする者の割合

表 5-13　トロンペナールス研究におけるアジア諸国のスコア

企業観		普遍／個別主義			個人／集団主義			感情	限定／外延的	
企業		遵法	真実	査定	成長	評価	引責	抑制	公私	社宅
巴	61	星 69	馬 62	尼 65	巴 52	巴 71	泰 45	日 74	比 78	香 82
中	46	日 68	日 55	日 64	馬 45	韓 66	馬 42	香 64	巴 74	馬 75
尼	46	尼 57	尼 54	中 57	尼 44	中 57	韓 41	尼 55	香 73	比 72
印	43	印 53	星 52	比 56	星 42	馬 56	星 38	中 55	馬 72	香 68
比	43	中 47	中 50	印 53	中 41	星 56	比 37	印 51	日 71	巴 65
馬	42	韓 37	印 48	星 48	比 40	泥 47	中 37	星 48	泰 69	泥 62
星	41	泥 36	韓 45	韓 44	日 39	印 44	印 36	泰 38	印 66	印 46
日	39				印 37	日 43	日 32	馬 30	韓 65	日 45
韓	36				泥 31		星 28	比 23	比 58	韓 35
泰	30						泥 28		香 58	尼 32
							尼 26		泥 40	中 18
									中 32	

泥：ネパール

出所：Trompenarrs and Hampden-Turner 1998 より作成。

　一例として，文化の差異が大きい日本とインドを比べてみると，日印とも集団主義で外延的だが，企業観はインドが「システム」，日本は「社会集団」志向が強い。さらにインドは個別主義・感情表出的なのに対し，日本は普遍主義・感情中立的である。なお「外延的」（Diffusive）という言葉が分かりにくいが，次頁図 5-14 の横軸（右側）にみるように，全体的，総合的，間接的で高コンテクストな文化であり，「東洋的」な考え方を指す。対義語は「限定的」（Specific）で，同図の横軸（左側）のように，部分的，分析的，直接的で低コンテクストな文化であり，「西洋的」な考え方を指す。なお「**コンテクスト**」（文脈）とは，場の状況を共有し理解し合う程度のことをいう。

　トロンペナールスらはこのような差異の対処法について，次表のように述べている（日印に関連する事項のみを抜粋）。日本企業がインドに進出する際には，そのような文化的な差異を認識し，相手を尊重することが必要となる。

表 5-14　文化的差異と対処法

個別主義者の傾向	感情表出的な者の傾向
・規則より人間関係を重視 ・取り決めは人間関係に左右される ・合意した事実でも当事者により複数の見方が存在 ・法的契約は変更可	・感情が容易に激しく噴出 ・声明は流暢、劇的に熱弁 ・情熱的で生き生きした表現を称賛
普遍主義者としての対処法	**感情中立的な者としての対処法**
・非公式のネットワークを築き、個人的に理解 ・個人的な手段、人間関係によりやり方を変える	・超然、冷静、曖昧な態度は、軽蔑、距離感、否定と解されるため、相手が好意を示す際は暖かく反応 ・無節操で過剰な感情表現に耐え、割り引いて理解

出所：Trompenaars and Hampden-Turner 1998 より作成。

さらにトロンペナールスらは，世界の組織文化を次のように類型化している。下図は横軸に「限定／外延」性，縦軸に「感情の表出度」をとっている。固有の価値観として，英米は「共感」，北欧は「承認」，東・東南アジアは「尊敬」，南・西アジアは「愛」が，それぞれ重視されている。

図 5-14　世界各国の価値観

```
                       中立
              承認              尊敬
              批判              失望

              北欧           日、韓、独
              蘭            東南アジア
部分 ─────────────────────────── 全体
分析                              総合
直接                              間接
限定          共感            愛     外延
低コン        反感           嫌悪    高コン
テクスト                           テクスト
              米、加         印、西アジア
              英、仏           南欧
                      感情
```

出所：Tronpenaars and Hampden-Turner 1993, 1998 より作成。

　図 5-15 は，横軸に主たる関心事項，縦軸に組織の階層性をとったものである。企業文化に関しては，英米が職務志向の「**誘導ミサイル**」，南欧は役割志向の「**エッフェル塔**」，東南アジアは「**インキュベーター**」，東アジアは「**家族**」に属す国が多い。一例として再び日印を比較すると，上図の「企業文化」はともに「家族」型だが，前述の「価値観」は日本が「尊敬／失望」型，インドは「愛／嫌悪」型であり，何を重んじるかが対照的である。日系企業がインドに進出する際は，このような価値観の違いに注意しなければならない。

図 5-15　世界各国の企業文化

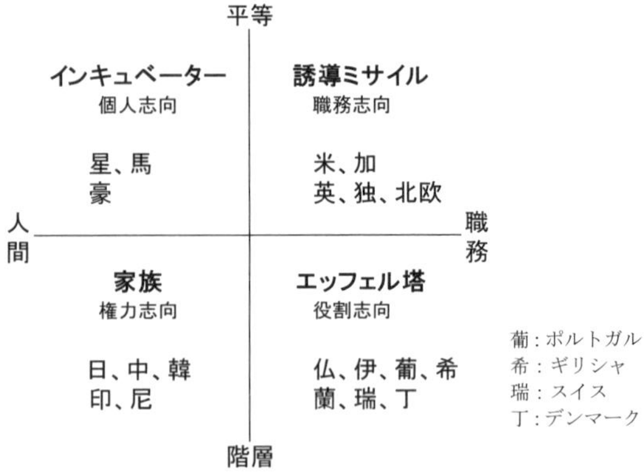

```
                    平等
      インキュベーター    │    誘導ミサイル
        個人志向       │      職務志向
                      │
        星、馬         │      米、加
        豪            │      英、独、北欧
  人 ─────────────────┼───────────────── 職
  間                   │                  務
        家族          │    エッフェル塔
       権力志向        │     役割志向
                      │
        日、中、韓      │    仏、伊、葡、希
        印、尼         │    蘭、瑞、丁
                    階層
```

葡：ポルトガル
希：ギリシャ
瑞：スイス
丁：デンマーク

出所：Tronpenaars and Hampden-Turner 2004 より作成。

第 3 項　ハウスらの GLOBE Study

　ウォートンスクールのハウスらは，ホフステッドの研究に新たな評価軸を加えつつ，国際的な異文化調査 GLOBE Study を 2004・2007 年に実施した（2013 年調査は CEO の行動様式に限定）。国別の記述は少ないが，印中日に関するデータもあり，以下に抜粋する。

表 5-15　印中日の特性

	権力格差	性的平等	集団主義	自己主張	人間志向	実績志向	未来志向
インド	2.6	2.9	4.3	3.7	4.5	4.1	5.4
中国	3.0	3.0	4.7	3.8	4.3	4.4	4.7
日本	2.8	3.2	5.2	3.7	4.3	4.2	5.4

出所：House et al. 2004 より作成。

　これによればインド人は個人主義的で，業績よりも人間を志向し，「現世」もさることながら「来世」のことも考える「未来志向」の傾向が認められる。

第 4 項　メイヤーの研究

　米国生まれのエリン・メイヤーは，国際的なコンサルティング業務に従事した後，フランス人の夫と結婚し，現在パリの INSEAD の客員教授として，異

文化経営の講義を行っている。同女史は，「桃」文化と「ココナッツ」文化といった，興味深い観察を示している。桃は柔らかな果肉の奥に固い殻があるように，アメリカ／ブラジル人などは一見友好的だが，実は奥に「本当の自分」が守られている。これに対しココナッツは固い殻が果肉を守っている如く，ロシア人などは最初こそ閉鎖的だが，親しくなると人間関係が長続きする傾向にある。

　Meyer (2014)は欧米を中心に，世界の主要国を分析している。そこで強調されているのは，文化的差異はあくまで「相対的」なものだということである。例えば図5-15中，3の「説得」に関し，米国人が具体例から入りすぐに結論を求めるのに比べ，英国人は概念や理論を重視する傾向があるとしても，より原理原則思考の強いドイツ人から見れば，英国人は逆の印象を与えることになる。その上で，「カルチャーマップ」の8指標においては，世界各国を相対的に位置づけている。図にはアジアの主要国のみを抜き出して示したが，評価は絶対的でなく，あくまで相対的なものに過ぎないことを確認しておきたい。

図5-16　カルチャーマップ

指標	左端	順序	右端
1 コミュニケーション	ローコンテクスト	印 中 日	ハイコンテクスト
2 否定的評価	直接的	印 中 日	間接的
3 説得	演繹／原理	中 日	帰納／応用
4 権力格差	平等主義	印 中 日	階層主義
5 決断	合意志向	日　印 中	トップダウン式
6 信頼	タスクベース	日 中 印	関係ベース
7 見解の相違	対立型	印　中　日	対立回避型
8 スケジューリング	直線的な時間	日　中 印	柔軟な時間

出所：Meyer 2014より作成。

　これによれば，日中は似たところもあるが，決断が合意志向かトップダウン式か，またスケジューリングが直線的（順序を重視し，変更困難）か柔軟かに関しては，大きく異なっている。さらにインドは，否定的評価（ネガティブフィードバック）が直接的で，見解の相違に関し対立も辞さないなど，日本人とは大

分異なる面がある。インドはアジアに属するが，旧宗主国のイギリスの影響が認められる。

なおメイヤーは，「特定的思考」の西洋人と異なり，東洋人は「包括的思考」のアプローチをとる傾向が強いことから，3 の「説得」からインドを省いている。この点に関し Nisbett (2004)の先行研究では，西洋人は木（細部）を見るが，東洋人は森（全体）を見る傾向があるという。アルバータ大学の増田貴彦准教授と共同で行った文化心理学の実験においては，アニメーションの水中のシーンを見せたところ，米国の生徒は大きな魚の動きに注目したが，日本の生徒は海藻などの背景と，小さな蛙や貝などにも注目したという。さらに「人物の写真を撮る」よう指示したところ，米国人は顔のクローズアップを撮ったが，日本人は背景を含め人物は小さめに撮ることが多かったという（Nisbett and Masuda 2003）。このように，西洋人は特定的思考，東洋人は包括的思考をする傾向があることを銘記しておきたい。

第 5 項　その他関連調査

東洋と西洋では時間感覚や課題の進め方が異なる。日本人は時間に関し，西洋的な考え方の影響を強く受けているが，東洋的な感覚も残っている。

Lewis (1996)は東洋における「時間の循環性」について，次のような見方を披露している。

図 5-17　時間概念の違い

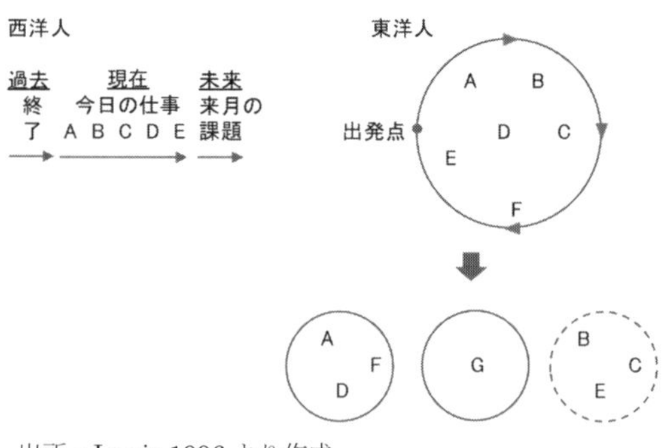

出所：Lewis 1996 より作成。

西洋人にとって時間は直線的で流れが速く，労働して金銭に換えていくべきものである。一方東洋人にとって，時間は無限に循環するもので，希少な必需品とは限らない。問題解決の機会は再び巡ってくるため，日々学び賢くなる中で新たな対応策が見つかるかもしれず，課題の周りをしばらく「うろつく」傾向がある。東洋人は重要でないBCEのことは忘れ，ADFを課題として認識し，当初は存在しなかったGを重要と考えるかもしれない。時間概念には，このような根本的な違いがあるのだという。

　一方博報堂は，アジア主要都市で住民の生活志向の調査を行っている。これをみると，インドは男女とも家族志向が強いが，日本はまた別の価値観を持っていることが確認できる。

表5-16　アジア主要都市の生活志向

なりたい男性像	
家族のことを一番重視する	デリー、ムンバイ、メトロマニラ、ジャカルタ、バンコク、シンガポール
仕事も家庭も大切にする	東京、クアラルンプール、ホーチミンシティ
仕事で成功したい	ヤンゴン

なりたい女性像	
家族のことを一番重視する	デリー、ムンバイ、メトロマニラ、ジャカルタ、バンコク、シンガポール、クアラルンプール、ホーチミンシティ、ヤンゴン
自分のスタイル/センスを持つ	東京

希望するライフスタイル	
家族の幸せを第一に考える生活	デリー、ムンバイ、シンガポール
安定した生活	東京、クアラルンプール、バンコク、ジャカルタ、ホーチミンシティ、ヤンゴン
身体的に健康な生活	メトロマニラ

出所：博報堂 2014 より作成（最上位項目を抜粋）。

　他方，世界各国の価値観の違いを表すジョークとして，豪華客船が沈没しそうになった際，乗客を海に飛び込ませるには，米国人には「ヒーローになれる」，英国人には「そうするのが紳士」，ドイツ人には「それが規則」，フランス人には「飛び込んではいけない」，イタリア人には「先ほど美女が飛び込んだ」，日本人には「皆そうしている」と声掛けするのがよいとされる。なお全員を促すには，「この船は米国製だが，救命ボートは日本製」と伝えると良いという。海外進出にあたっては，このような文化の違いを十分理解することが求められている。

第 6 項　異文化における経営

グローバル展開戦略

　Kotabe and Helsen (2008)によれば，グローバル展開戦略にはウォーターフォール型とスプリンクラー型がある。

　ウォーターフォール型は滝の如く，まず先進国で発売し，市場が成熟化したら徐々に中進国に移り，さらに新興国に引き継ぐなど，段階的に進出する方法である。コカコーラのようなグローバル企業でも，これまでの海外展開には長期を要した。グッチやルイヴィトンのような高級ブランドは，まず購買力の高い欧米で発売し，「憧れ感」を高めてから他市場で販売しており，日本でも成功している。出遅れると現地の競合がキャッチアップするおそれがあるため，ウォーターフォール型は製品ライフサイクルが短いと採用しにくい面がある。

図 5-18　グローバル展開のウォーターフォール型／スプリンクラー型戦略

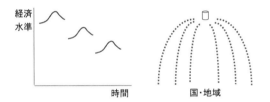

出所：Kotabe and Helsen 2008 を参考として作成。

　これに対し**スプリンクラー型**は，製品を標準化し，世界でほぼ同時に発売するものである。製薬会社スミスクラインビーチャム（現グラクソスミスクライン）のヘンリー・ベント CEO は，「優れた製品があるなら，欧米アジア市場で同時に浸透を図るべきだ」と唱えた（大前 2006）。IT 業界ではデファクトスタンダードを獲得するため，マイクロソフトのウィンドウズ，アップルのiPhone などが採用している。グローバル志向の大企業でなければできないが，現地有力企業との戦略的提携で補完することもできる。

　この他，**グローバルニッチ**戦略は，世界市場の隙間を狙うものである。例えば旭化成の裏地・肌着用再生セルロース繊維，日本金属の携帯・パソコン向けマグネシウム薄板，ダイソーによる紙容器印刷用インキの鮮明度を高める耐熱

樹脂，TDKのHDD磁気ヘッド，日本ガイシのナトリウム硫黄電池，東北電子産業による物質が酸化する際の微弱な発光現象を捉える劣化計測装置などは，世界でほぼ100％のシェアを占めている。この他にも，世界シェアの8〜9割を握る日本のオンリーワン企業が多数存在している。これらは前述の「各国共通セグメント方式」の特殊型とも考えられる。他方「クールジャパン」の影響で，日本の盆栽は欧州の趣味人に，また錦鯉はアジアや中東の富裕層に人気を博しており，同様なものとして位置づけられる。

参入方式

　海外市場への参入方式は，コントロールの強弱，単独／現地企業との協力如何などにより，さまざまな形態がある。以下に各々の特徴を記す。

　間接輸出は，コントロールが弱く，海外市場とのコンタクトが小さいため，経験からの学習が乏しいが，責任も小さく低リスクで，初期の試行に適す。

　直接輸出では，一定の経営資源を投入し，輸出向けの組織をつくる必要があるが，積極的な販売が可能である。複数社で役割分担する，**協同輸出**という方法もある。

　ライセンシングは，品質管理が必要で，現地でライバルを生むリスクもあるが，輸入障壁を迅速に乗り越えられ，投資は最小限で済む。

　フランチャイズは，現地企業のコントロールが困難で，競合他社となる可能性があるが，現地フランチャイジーの経験を活用しつつ迅速に参入でき，ロイヤルティ収入も見込める。

　海外への**生産委託**は品質管理が必要で，児童労働や闇市場への製品流入を批判されるおそれがあるが，投資は最小限で済み，費用が安い。

　合弁では，現地パートナーと対立するリスクがあるが，投入資源が少なく，リスク分散が可能で，現地販売網の活用などシナジーも期待できる。

　買収は費用が多額で，文化的摩擦も起き得るが，現地ブランドや販売網を獲得でき，コントロールが可能である。

　グリーンフィールドの**新会社設立**はリサーチや手続きに長期を要し，費用が多額でリスクが大きいが，衝突のリスクはなく，コントロールは完全となる。

戦略的提携は拘束力が弱く，強者と弱者の連合ではうまく行かないが，柔軟で自律的である。

リーダーシップ

組織におけるリーダーシップも，文化により違いがみられる。英国人のルイスによれば，次図のような差異が観察されるという。厳しい上下関係から民主的な合意形成まで多様であり，異文化での経営上考慮すべき事項となる。

図 5-19　文化によるリーダーシップの形態の違い

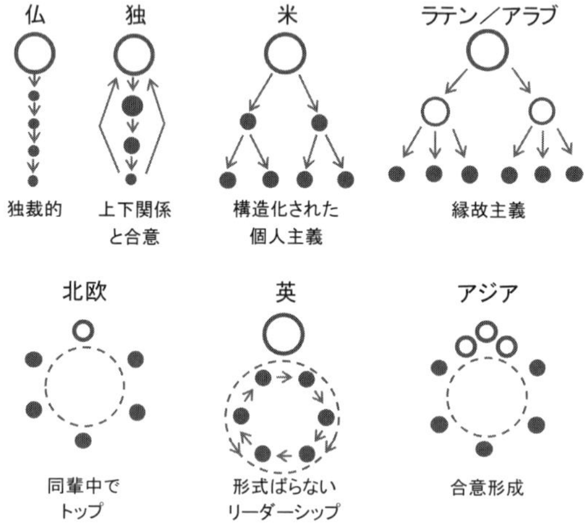

仏：独裁的
独：上下関係と合意
米：構造化された個人主義
ラテン／アラブ：縁故主義
北欧：同輩中でトップ
英：形式ばらないリーダーシップ
アジア：合意形成

出所：Lewis 1996 より作成。

販売・マーケティング

文化は販売・マーケティングの諸側面でも影響を与え得る。文化の違いは，場合によっては摩擦を引き起こす可能性もある。

表 5-17　販売・マーケティング上課題となり得る文化の違い

項目	文化の違い
数字	アンケートの評価軸上で，羅米の回答者は魅力を感じていなくても高い点数をつけ，アジアの回答者は中央値を選ぶ傾向。教育水準の低い発展途上国では，数字でなく絵で代替する必要。7 は西洋では幸運を意味するが，ケニアやガーナでは不運の意味。日本では

	4が，西洋の13に類似した意味．
動物	西洋では黒猫，インドではフクロウが縁起の悪い動物．日本では狐が人をだます．コウノトリはシンガポールでは母親の死を象徴し，西洋のイメージと全く異なる．
色	赤：中国では幸運を，トルコでは死を暗示．一般的には熱さや活気を示唆し，華人は楽しさをも知覚．アジア諸国は赤を米国に関連付けるが，米国人は自国を赤とは結び付けない．赤は血を暗示し，文化によりニュアンスが異なるため，注意が必要．緑：米国では新鮮さや健康を表し，金銭と関連付けられ，アラブ諸国でも好まれるが，インドネシアの一部では禁じられ，ジャングルのある国々では病気を連想．紫：アジアでは高貴な色だが，米国では安価な印象．黄：中国では権威に結び付く喜ばしい色．黒：西欧では喪の色だが，中国では信頼や高品質を連想．喪の色は黒が一般的だが，アジアの一部では白，ブラジルやベネズエラでは紫，メキシコでは黄色．黒は米国，香港では男らしいと見なされるが，ブラジルでは「形式的」と見なされる．男らしい色：米国では青だが，英仏では赤．女らしい色：米国はピンクだが，黄色の国も多い．パステルトーン：日本では柔らかさ，調和を表現し，鮮やかな色より好まれる．青，緑，白は，概ね世界中で平和，温和，静かといった共通の意味．
コーヒーお茶	米国ではドリップが一般的で，薄いコーヒーを勤務中や移動の合間に飲む．欧州ではエスプレッソが一般的で，カフェで仲間と語らうのが目的．トルコのコーヒーは家族とゆったり楽しむもの．サウジアラビアでは，お茶を左手で出したり，靴を履いたまま飲んだりするのは不適切．
ビール	イギリスのエールは，パブで「パイントグラス」で提供され，アルコール度数が低く気軽に消費．ドイツでは大麦とホップのみで醸造し，地ビールが多く，酒場で大ジョッキにて提供．一方フランスのカフェバーはクールな空間で，ビールも細長く洒落た「デミ」で提供．
ジェスチャー	頭を上下に動かすのは，西洋では一般に肯定だが，ギリシャとブルガリアでは否定を意味．インドでは頭を横に振るのが肯定．フィリピンでは眉や顔を上げるのは肯定，顔を下げるのは否定．インドでは親指を立てる仕草は「万事OK」ではなく侮辱を意味．親指と他の指を軽く閉じ手の平を上にして差し出す仕草は，イタリアでは「どういう意味か」，ギリシャでは「完璧だ」，エジプトでは「我慢して」の意．西欧では子供の頭を叩くのは愛情表現だが，マレーシアなどイスラム諸国では頭は魂と知性の宿る神聖な部位で不適切．ロシアやアラブ諸国では，親しさの表現として，男性同士が道で手をつなぎ，キスをすることも．
サービス	スキー場の待ち行列は，フランスではピーク時に大勢ごった返すが，スイスでは穏やかに整然と待機．日本の鉄道は大音響の拡声器で情報提供するが，欧州の鉄道は静粛性を大切にする．日本人は欧州において，飲食店の給仕が遅く，店舗販売員の態度が悪いと憤慨しがち．
広告	米国は「ハードセル」広告が多く，事実を直接的に訴求し，攻撃的な比較広告が一般的．フランスは美的な表現が多く，ヌードも容認．一方イスラム圏では男女関係の描写は保守的で，ラマダンや礼拝の間は広告を慎む必要．イスラム穏健派のトルコでも，パブに女性を登場させるような広告は不適切．他方アジアでは，賢者と見なされる年配者が多く登場．台湾では伝統と年配者への敬慕を訴求する広告が効果的．インドはモノクロ写真が多く，子供が頻繁に登場する傾向．日本は「ソフトセル」広告が多く，企業や製品のイメージを間接的で上品に訴求．これに比べ中国は，製品の優位性を直接的に訴求する傾向．韓国は価格を頻繁に表示．

出所：Kotabe and Helsen 2008，Usunier and Lee 2009 ほかより作成．

ホフステッドの枠組とマーケティング

ホフステッドの枠組は,「広告のスタイル」などにも適用可能である(Mooij 2010)。フランスや日本は,先進国の中では相対的に権力格差が大きく,不確実性回避が強いが,両国の広告は美や感情を重視し,ビジュアルなイメージで間接的に訴求する傾向がある。これに対し英米の広告は,総じて直接的である。

ドイツも不確実性回避が強く,その広告は構造的で真面目であり,製品の機能性などを訴求する傾向がある。これに対し曖昧さの許容度が高い国々では,ユーモアも多用される。シンガポールも不確実性を許容するため,象徴(シンボル)などが使用可能である。

イタリアやスペインでは,広告もドラマチックで,インドも同様である。中国やインドでは,「言葉遊び」などコピーで直接的に訴求する傾向がある。

図5-20 広告のスタイル(左図)とステータスの必要性(右図)

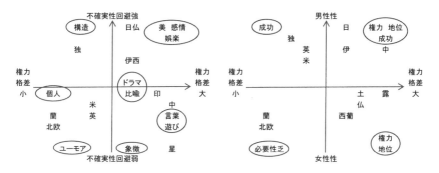

出所:Mooij 2010 より作成。

また「ステータスの必要性」に関しては,英米独では成功がステータスシンボルである。一方フランスやスペイン,ポルトガルでは,権力や地位が重要で,ロシアやトルコも同様である。他方日中伊は両方必要だが,北欧はそれらを評価せず必要度が乏しい傾向がある。

広告の「プレゼンター」(登場人物)に関して,不確実性回避の社会ではプレゼンターが信頼できる専門家である必要がある。また男性的な社会では,ヒーローやセレブリティなどであることが求められる。しかし北欧など女性的な社

会では，エゴイスティックなヒーローを評価せず，その役割は限定的で，普通の個人を活用する傾向がある。

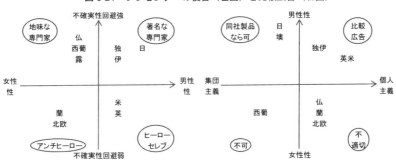

図 5-21　プレゼンターの役目（左図）と比較広告（右図）

出所：Mooij 2010 より作成。

攻撃的な「比較広告」は，個人主義かつ男性的な英米独伊で有効である。これに対し，集団主義かつ女性的なスペインやポルトガルでは，プライドを傷つけるため，比較広告は不可である。アジア諸国でも同様で，相手の面子を損ね，自分の信頼も失う虞がある。

仏蘭北欧など，個人主義だが女性的な社会では，「ベストであること」は了承されるが，それを明白に表現することは不適切で，ソフトな表現が用いられる。デンマークのビール，カールスバーグは，"Probably the best beer in the world" という表現を使っている。

日本やオーストリアは，男性的で競争志向だが，同時に集団主義でもあり，他社の名誉毀損を避けるため，同一社内の別製品なら比較可能である。

さらにホフステッドの枠組を，自動車の好みに応用すると，
・男性的＆不確実性回避弱：英米など→ステータス志向で大きさ・出力重視
・男性的＆不確実性回避強：日独伊など→技術，速度，デザイン志向
・女性的＆不確実性回避強：仏西葡など→スタイル／ファッション性重視
・女性的＆不確実性回避弱：蘭，北欧諸国など→安全性，値頃感など

となる（Mooij 1998）。

以上のような文化的な差異を認識し，マーケティングなど経営上の判断に生かしていくことが，今後一層重要となるものと思われる。

第 6 章　アジアの経済環境

　紀元後の超長期統計を作成した Maddison (2015)によれば，1500 年時点ではインドと中国が世界の GDP の各々 4 分の 1 を占める超大国であった。しかし明治維新後の 1870 年時点では，中国は 17%，インドは 12%に下落した一方，英米が各 9%，仏独が各 7%と，欧米勢が拡大した。大戦後の 1950 年時点では，中印は各 4%台に低下，日本は 3%に過ぎなかったが，米国は 27%を占めた。その後高度成長した日本は，1973 年時点で 8%を占めるようになった。しかし 2005 年時点では，米国は 20%，日本は 6%に落ち，代わりに中国が 15%，インドは 6%に回復し，その後も拡大を続けている。

　投資家のジム・ロジャーズは，「19 世紀は英国，20 世紀は米国のものだったが，21 世紀は中国だろう」と述べ，自らシンガポールに移住し，娘たちに中国語を習得させている (Rogers 2007)。移住の背景には節税目的もあるだろうが，「アジアの時代」を裏付ける言動であろう。

第 1 節　直接投資

　日本の直接投資は，資金と技術をアジアにもたらし，「雁行型発展」の基礎を形成してきた。近年は日中韓のみならず，シンガポールやマレーシア，タイに加え，ベトナムなども，周辺国で対外直接投資を行っている。アジアにおける日本のプレゼンスは依然大きいが，最近はアジアで先行する諸国が中堅国へ，さらに中堅国が後発国に投資という形で，投資の「環」が広がり「重層化」している。これは欧州諸国の旧植民地との単純な主従関係とは異なり，日本から資金・技術がアジア中に広まり，現地で投資・貿易の循環が拡大し，日本にも

還ってくるという，「複合的」な形となっている．

第1項　日本からアジアへの対外直接投資

- 日系企業のアジア進出は拡大・深化している．
- AEC 諸国においては，**地域統括拠点**の設置や，**生産体制の集約化**が進み，「**内需型**」企業の進出もみられる．日系企業は現地で仕入・販売網を拡大している．
- 中国は人件費が高騰しており，「**チャイナ+1**」による他国への流出もみられる．

AEC 後発国，南アジアにも進出拡大

　震災に伴うリスク分散とアジア事業の再構築，2012 年までの円高といった要因もあり，日系企業のアジア進出は拡大・深化してきた．なお次表で「進出日本企業」とは日本側の出資企業（親会社），「現地法人」とは日本企業の出資比率が間接出資を含め計 10%以上の現地法人（子会社）を指している．

表 6-1　日系企業の進出状況

国名	進出日本企業数 2005	進出日本企業数 2015	現地法人数 2005	現地法人数 2015	主な進出業種（一部のみ抜粋）
中国	2,200	3,088	4,404	6,825	食品、繊維、電機、四輪車、卸小売
香港	915	1,056	1,108	1,298	運輸倉庫、卸小売、金融、飲食サービス
マカオ	7	10	6	10	運輸、旅行
台湾	776	912	901	1,055	電子半導体、精密機械、飲食サービス
韓国	564	738	677	922	電子半導体、精密機械、ソフトウェア
モンゴル	5	15	4	12	建設、通信
タイ	1,152	1,659	1,529	2,318	四輪車、電機、卸小売
シンガポール	809	1,011	1,034	1,335	電機、物流、卸小売
インドネシア	571	945	672	1,163	輸送用機械、電機、石油
マレーシア	608	702	771	926	電機、化学、金属
ベトナム	246	735	249	889	電機、二輪車、繊維
フィリピン	367	421	449	547	電機、化学、卸小売
ミャンマー	16	84	15	79	繊維、建設、卸売
カンボジア	6	66	6	68	繊維、二輪車
ラオス	8	22	4	22	繊維、物流、貿易
ブルネイ	3	5	3	4	化学、商社
インド	155	615	198	751	化学、医薬品、二輪車、ソフトウェア
バングラデシュ	9	25	8	26	食品、繊維
スリランカ	18	24	16	24	運輸
パキスタン	15	21	18	24	輸送用機械
ネパール	2	2	3	2	旅行
ブータン	0	0	0	0	
モルジブ	0	0	0	0	

出所：東洋経済新報社 2016 より作成．

中国・香港やAEC先発国には，多くの日本企業が進出している。ベトナム，インドにも1千社弱が進出している。他方まだ少数ではあるが，AEC後発国や南アジアへの進出もみられる。なお中国の消費市場は巨大で，政治的緊張にもかかわらず進出が多いが，人件費が高騰し，「**チャイナ+1**」を求めて企業が流出している。またインドでのビジネスも難しい面が多く，一部で撤退が相次いでいる。

日本のアジア進出先は，香港・台湾などアジアNIEsから，中国，AECへと広がっている。「フットルース」な（足の速い）電気機械では，進出先の労賃が上がるたびに，より安い国への移転が繰り返されてきた。一例としてマブチモーターは，これまで生産拠点の中心を，日本から香港，台湾，マレーシア，中国，ベトナムへと移してきている。

従来アジア向けの投資は，製造業のグリーンフィールド投資が中心であった。途上国では企業情報が不備，経営管理が前近代的で，コンプライアンス上問題な場合もあり，企業買収案件は限られていた。しかし最近は，対欧米や中国向けの買収が減少するなか，対AECの買収が増えてきた。

日本は世界最大の債権国で，所得収支の黒字額も世界最大級である。海外所得は国民総所得（GNI）に寄与する。しかし円高になれば，すぐ減耗してしまう。利子・配当収入で生きていく「海外投資立国」を目指すなら，高度な投資戦略や投資技術が必要となる。

生産体制の集約化

AECの原加盟6か国では，一部例外を除き関税が撤廃され，AFTAがほぼ完成した。インド・中国など域外諸国とのFTAも進展している。

これを受け，域内生産拠点の**専門化・集約化**の動きがみられる。自動車はタイ・インドネシア，AV機器はマレーシア，エアコンなど白物家電はタイといった分担体制である。

特に自動車は，為替変動の影響を避けつつ，現地嗜好に合った製品を開発・販売する必要があり，アジアでの生産が重要となっている。日系自動車メーカーのグローバルな生産体制は，いずれ日・亜・欧米ほかでほぼ3等分となる見通

しという。

　生産効率の高いタイなどで集中生産すれば，他国は輸出で代替できる。タイはFTA締結が進み，外資誘致策や法人税減免などの投資恩典もある。2011年の洪水は痛手だったが，日系企業は急ピッチで生産体制を復旧させた。各種インフラが整い，部品産業も集積しており，AECの中核的な「生産統括拠点」として健在である。インドシナ半島諸国への物流も便利で，自動車メーカーはタイを小型・低燃費のエコカーの輸出拠点と位置づけ，研究開発拠点も設置している。またインドネシアの自動車市場では，日系ブランドが9割を占めるなか，政府が低価格エコカーを優遇し（奢侈税減免），日系メーカーが参入している。

　完成車メーカーは部品供給のネットワークを拡げ，世界で最適な生産体制を構築している。トヨタほかは，「新興国向け戦略車」を開発し，現地生産・販売体制を拡充している。インドの生産拠点から，アフリカ大陸に輸出する動きもある。これらの動きが，タイヤや部材など裾野産業にも波及している。

　他方タイの賃金上昇を受け，周辺国に労働集約的工程を分散する，「**タイ+1**」の動きも起きている。

　なお自動車産業は2013年に約9兆円の貿易黒字を稼いだが，円安シフトでも生産体制は国内回帰せず，日本としては今後の貿易収支が危惧されている。

内需型の進出増

　最近は少子高齢化で，**輸出型**企業のみならず，**内需型**の企業もアジアに進出している。特にAECは，単なる**生産拠点**ではなく，**消費市場**として注目されつつある。

　インドネシアは，2億強の人口を擁し，所得向上で内需が拡大している。日本からも，生活用品などの消費財メーカー，食品・飲料メーカー，外食産業，各種サービス業などが進出している。

　フィリピンは比較的政治が安定し，労働争議が少ない。若年労働力が多く，賃金も割安である。マニラ首都圏は大型商業施設が多く，一大消費地として日系企業が多数進出し，日本食レストランも多い。

　マレーシアは中東ほかからの買い物客が多く，拡大する**イスラム市場**の窓口

となっている。**ハラルフード**のビジネスも広がっている。

　他方，南アジアを中東・アフリカのイスラム市場への前線と位置づける企業もある。一例として味の素は，パキスタンに進出している。

地域統括拠点化

　人口大国の中国・インドは人材が豊富で，開発やマーケティングなど高度な機能を現地に移管する企業がある。またシンガポールには，「アジア地域統括拠点」の設置や，「アジア1号店」の出店により，他アジア諸国への展開を期す企業が多い。これに伴い，関連支援業務として，法律，会計，IT，広告といったサービス業が進出している（関連データは第7章第3節に掲載）。シンガポール経済開発庁（EDB）は，自国の人材高度化を目的に，アジア人向けの研修拠点を誘致しており，ソニーの如くこれに応じた企業もある。

日系企業の現地ネットワーク拡大

　日系企業は現地で仕入・販売網を拡大している。経済産業省（2014）によれば，日系製造業の海外現地法人の売上高は，「リーマンショック」後の2009年度は165兆円だったが，2014年度は世界全体で272兆円となった。このうち在アジアの日系企業による活動状況をみると，仕入と販売のそれぞれ7割超が，進出先の現地国やアジア域内国との取引となっている。一方日本との取引は，仕入の4分の1，販売の6分の1を占めるに過ぎない。他方欧米との取引は，既にウェイトが相当小さくなっている。

　このため現地通貨建ての資金調達が望ましいが，金融機関は進出に慎重で横並び意識が強く，投融資のできない「駐在員事務所」での進出に留まるところも多い。本邦メーカーの積極果敢な動きには，追い付けていない状況にある。

第2項　アジアによるアジア域内の直接投資

・中国やインドのみならず，シンガポールやマレーシア，タイのほか，ベトナム企業までもが，アジアで対外直接投資を行うようになっている。

政府の後押しもあり，中国の**国有企業**や民間企業は，海外で資源や市場を獲得するため，積極投資を行っている。香港は資本移動の自由度が高く，各種税率が低く，資金調達も容易で，中国企業や，租税回避地を経由した投資の窓口となっている。一方インドの**コングロマリット**は，経済成長や外国投資に係る外為規制緩和を背景に，資源エネルギーなどに投資している。他方 AEC 諸国は，日本など先進国の資本を蓄積し，通貨危機を経て財務体質を改善し，手元資金で海外投資を行うようになっている。

　シンガポール投資公社やテマセクなどの**政府系ファンド**は，海外で活発に活動している。テマセクのグループ企業は不動産投資に長けている。最近は資源関連の投資に積極的である。

　マレーシアの**華人企業**は，これまでも観光（ホテル）・娯楽（カジノ）関連などで周辺アジア諸国に投資してきた。最近は国営ガス会社のペトロナスが，資源関連で投資している。

　タイでは食品工業が成長し，買収で事業を拡張している。CP 系のコンビニチェーンは，物流上の利点を活かし，隣国に進出の意向である。タイ石油公社（PTTEP）は，ミャンマーの石油・ガス権益に投資している。

　最近ではベトナム企業が，カンボジアでのゴム栽培やシェムリアップのホテル建設，ラオスにおける電力開発，ミャンマーの不動産開発などに，直接投資を行うようになっている。

第3項　アジアから日本への対内直接投資

> ・対日直接投資においても，アジア諸国の存在感が大きくなっている。特にインバウンド観光関連では，投資が相次いでいる。

　これまで多くの欧米企業が対日進出したものの，ビジネスコストの高さなどを理由に，撤退を繰り返してきた。しかし最近は，アジアからの投資が相応の割合を占めるようになっている。中国からの投資は香港や租税回避地経由の場合が多いこともあって，表面上見えにくいが，AEC 諸国からの投資が着実に増えている。

直接投資のフローの金額は年毎に変動するため，対日直接投資を長期的にみてみると，アジア諸国の存在感が大きくなっている。欧米諸国が引き揚げても，アジア諸国が投資した年もある。特にシンガポールは，不動産・商業施設向けなど，「利回り追求型」の投資を続けている。香港の数字は中国ほかの資本を含むとされる。韓国・台湾のほか，AEC 諸国からの投資もみられる。リーマンショック後は投資金額が大きく変動したが，その後は投資が回復している。

このうち注目すべきは，**インバウンド**観光関連の投資である。インバウンドは，日本が既存の文化資源を活かしつつ，居ながらにして稼げる数少ない業態で，雇用創出など日本側のメリットも大きい。

南国の人々は雪遊びを好む。アジア企業はニセコでスキーリゾートを買収，蔵王でも老舗高級旅館を買収・再生させた。逆に寒冷な韓国では，暖かい九州でのゴルフやオルレ（ウォーキング）と温泉が人気で，関連企業が進出している。

アジアの**格安航空会社**（LCC）も，日本に支店を開設し，新路線を就航させている。旅行代理店も「ランドオペレーター」を日本国内に設け，交通・宿泊の手配をするようになった。特に中国人観光客の潜在需要は大きく，訪日客数も回復傾向にあり，関連投資がみられる。

他方インドの製薬会社は，日本企業を買収し，廉価な後発医薬品の国内販売体制を整えている。また IT 関連企業の進出もみられる。

第 4 項　アジアにおける直接投資の循環

・アジアにおいては，直接投資の流れが重層化し，日本にも還流してきている。
　対内直接投資は，雇用機会創出，地域活性化に寄与し得る。

経済力をつけた先発アジア諸国は，対外直接投資を活発に行っている。前述のように，韓国はアジアで製造拠点や商業施設などへの投資を積極化させている。シンガポールの政府系ファンドや，マレーシアやタイのほか，ベトナムも AEC 後発国に投資し始めている。このような，

　　　　日本 ⇔ アジア NIEs ⇔ AEC 先発国 ⇔ AEC 後発国

といった直接投資と配当所得の循環を，本書では「重層化」と呼んでいるところである。なかでもシンガポールをはじめとする AEC 先発国は，着実に経済力をつけており，今後もアジア後発国への投資が拡大していくものと思われる。

　日本の先行投資は，アジアの「**雁行型発展**」の基礎を形成してきたが，投資の「環」が広がり重層化し，日本へも還流し始めている。特にアジアから日本への投資が目立つのは，インバウンド関連である。地域経済にとって，製造業の海外流出が続くなか，観光は重要な産業となり得る。

　政府の「日本再興戦略」は**対内直接投資**を，成長戦略の一つとして重視している。対日投資は，**雇用機会創出**，**地域活性化**に寄与し得る。新経営手法導入や新商品開発，グローバル人材育成といった点でも意義がある。対日投資の増加が期待される。

第 2 節　付加価値貿易

第 1 項　アジア諸国の付加価値創出構造

- **付加価値貿易**は中間投入などを除いたネットの取引の概念で，純然たる「仕事のやり取り」を指す。
- 日本は国内に産業が集積しており，他国からの中間投入は少なく，自国で創出した付加価値の割合が大きい。一方台湾や韓国は，他国からの中間財の活用度が大きい。

　従来の貿易統計は**中間投入**などを含むグロスの総額ベースだが，**付加価値貿易**はネットの概念で，純然たる「仕事のやり取り」(Trade in Tasks) を指す。

図 6-1　付加価値貿易の概念（例）

日本	→	中国	→	米国
		中間財 80 納入		最終財 100 納入
貿易統計上の輸出		80		100（中間財 80 分が重複）
付加価値の輸出		80		20（純増分のみ）

出所：筆者作成。

付加価値貿易は中間財取引を二重計上しないため，付加価値取引の実態を正確に表すことになる。iPhone の例でいえば，日本ほかから集まった高度な部品を，中国が組み立て米国ほかに輸出するため，グロスの輸出は中国で大きく表れていたが，ネットで考えれば日本も価値を付加していた訳である。なお iPhone6 の製造原価は 200 ドル台とされ，日本はカメラ，ディスプレイ，メモリーなどを提供している。中国での組立コストは 4 ドル程度で，売価との差額を考えると，ブランドを有すアップルが最大の利益を得ていることになる。

それではまず，アジアのバリューチェーン展開で主流をなす機械産業を例に，World Input-Output Database (WIOD)を用いて，中間投入と付加価値に関する産業構造をみてみよう。WIOD は，EU が資金支援する連合研究体のもと，欧州の研究者が中心となって整備したデータベースである。データは 2011 年まであるが，欧州中心でアジアは 6 か国（日中韓台尼印）のみとなっている（以下表中の西暦は下二桁で表記）。

表 6-2 国・地域別機械産業の付加価値創出構造

	輸送機械				電気光学機械				その他機械			(%)
11	日	中	韓	台	日	中	韓	台	日	中	韓	台
中間投入	75.9	80.1	75.8	76.5	68.0	83.0	73.3	75.7	64.3	76.5	74.1	79.4
自国	71.2	73.3	65.6	51.1	60.6	69.9	55.3	36.8	56.8	68.8	60.9	56.9
他国	4.7	6.8	10.2	25.4	7.3	13.1	18.1	38.8	7.4	7.7	13.2	22.6
付加価値	23.8	19.5	21.6	18.7	31.5	16.1	24.4	21.5	35.2	23.0	23.7	18.1
95	日	中	韓	台	日	中	韓	台	日	中	韓	台
中間投入	73.9	73.1	68.7	69.0	61.2	74.2	67.5	73.1	61.9	67.9	68.6	74.0
自国	72.3	66.8	59.5	50.1	57.5	61.8	51.2	37.1	59.1	62.0	57.8	56.4
他国	1.6	6.3	9.2	19.0	3.6	12.4	16.3	36.0	2.8	5.9	10.8	17.7
付加価値	26.0	26.4	27.6	25.9	38.5	24.9	28.8	22.9	37.9	31.7	27.2	23.4

出所：WIOD より作成。

これによると，日本は他国からの中間投入が少なく，自国で創出した付加価値の割合が大きい。国内に産業が集積しているためだが，エレクトロニクスなど変化の激しいモジュール型産業では，世界的な構造変化への対応に遅れるおそれもある。

中国も自国の中間投入が多く，相当の産業集積の存在がうかがえる。一方台湾は他国の中間投入が 4 か国中最大で，自国の中間投入が最少，付加価値は少ない。韓国も他国の中間投入が多い。

1995年と2011年を比べると，全般に他国からの中間投入が増え，自国の付加価値は減少している。台湾・韓国は海外調達が一層拡大している。

第2項　業種別の動向

・自国付加価値創出の業種別構成をみると，非製造業が中心を占めており，**サービス経済化**の進展を裏付けている。特に先進国では，サービス業が実質的な**バリュードライバー**となっている。

WIODにおいて，AECで唯一データのあるインドネシア，南アジアの代表インドも含め，全35業種のうち上位10業種を抜粋し，自国付加価値創出の業種別構成をみてみよう。次表では2011年の全業種付加価値額を太字で示し，同年のシェア順に並べ，1995年のシェアを左に添えてある。

表6-3　付加価値額（2011）と構成比の変化

（十億ドル、%）

日			中			韓		
5,866	95	11	**7,303**	95	11	**1,007**	95	11
不動産	10.3	12.8	農林水産	20.0	10.1	電気光学機械	5.1	7.8
公務	5.9	8.7	卸売	6.5	7.2	金融	6.1	7.0
リース	5.7	8.0	建設	6.1	6.8	不動産	7.7	7.0
卸売	8.4	7.7	不動産	3.9	5.6	リース	5.3	6.9
建設	8.2	5.8	金属・同製品	4.9	5.3	公務	5.4	6.2
医療福祉	3.7	5.6	金融	4.6	5.1	教育	4.9	6.2
金融	6.0	5.2	電気光学機械	3.2	4.7	建設	10.1	5.9
その他サービス	4.6	5.1	鉱業	4.1	4.4	金属・同製品	3.8	5.4
小売	5.4	4.3	食品飲料タバコ	4.5	3.8	輸送機械	3.5	5.1
教育	4.0	4.0	公務	2.2	3.6	小売	5.5	4.7
台			尼			印		
442	95	11	**848**	95	11	**1,785**	95	11
卸売	6.5	12.3	農林水産	15.4	14.7	農林水産	25.7	16.5
公務	11.4	10.6	鉱業	7.5	13.5	小売	8.3	9.3
金融	9.3	9.4	建設	6.8	10.2	建設	5.1	8.0
不動産	9.2	8.8	食品飲料タバコ	6.3	7.4	公務	5.4	6.3
電気光学機械	4.3	7.6	卸売	8.0	6.7	金融	5.4	6.1
小売	7.2	7.2	その他サービス	3.0	4.7	不動産	6.0	5.9
その他サービス	3.9	5.5	小売	4.8	4.5	卸売	4.0	5.7
化学・同製品	2.7	4.3	公務	3.7	3.6	陸運	4.7	5.7
医療福祉	2.3	3.4	金融	6.2	3.2	リース	1.2	5.2
リース	1.7	3.2	通信郵便	1.2	3.2	教育	3.2	4.2

出所：WIODより作成。

日本は不動産，リース，医療福祉，公務のシェアが増えたが，卸売，金融，建設はシェアが減った。一方製造業は下位に留まっている（電気光学機械は欄外 15 位でシェア減（3.6%→2.5%），輸送機械は両年とも 17 位・同 2.2%）。

中国の付加価値額はアジア最大で，日本の 1.2 倍にあたる。シェアは半減したが依然農林水産が首位，続いて卸売，建設，不動産が上位で，シェアも増えた。製造業は金属・同製品，電気光学機械のシェアが増えた。

韓国は電気光学機械が首位で，シェアも増えた。金属・同製品と輸送機械もシェアが増えた。台湾は卸売が首位で，そのシェアもほぼ倍増した。電気光学機械は 5 位で，シェアも増えた。インドネシアは鉱業が 2 位で特徴的である。農業，食品飲料タバコも上位である。インドは依然農林水産が 2 割弱，小売が 1 割弱を占め，製造業では金属・同製品が 11 位，繊維・同製品が 14 位と，非製造業が優位である。

このように，**非製造業**が付加価値創出の中心となっており，**サービス経済化**の進展を反映している。従来の貿易統計では製造業が実態より大きく表れていたが，実は中間投入が多く付加価値は見かけより少ない。特に先進国では，**サービス業**が実質的な**バリュードライバー**（価値創出源）となっている。

第 3 項　アジアの付加価値貿易

- 付加価値貿易をマトリクス化してみると，国際的なネットワークを通じて，付加価値が創出されていることが分かる。アジアには濃密な「**付加価値創出網**」が形成されている。
- 日本が圧倒的に優位な製造業は輸送機械などに限られており，マザー工場としての開発機能や，高付加価値な非製造業など，「**サービス活動**」の高度化が求められている。

「仕事のやり取り」の状況を直接的に示す**付加価値貿易**の重要性を，OECDも認識するようになり，WTO（世界貿易機関）とともにデータベース（Trade in Value Added: TiVA）を整備するに至った。以下ではこれを用いて，「各国で賦与され海外最終需要に体化された付加価値輸出」の概況をみていこう。総じ

てバリュー「チェーン」(一本の線)というよりも,国際的な「ネットワーク」(面状の網)を通じ,付加価値が創出されていることが分かる。アジアには濃密な「**付加価値創出網**」が形成されていることになる。

付加価値貿易の状況

付加価値貿易は「仕事のやり取り」である。「各国で賦与され海外最終需要に体化された付加価値輸出」の概況を,下表に示した。左枠が付加価値の供給(輸出)者,上枠が需要(輸入)者である。各行は左端の国・地域が創出した付加価値が,自国と他国で如何に需要されたかを示す。AECのみ複数国からなる「地域」のため,別途域内貿易の累計額を算出している。

表6-4 付加価値貿易(全産業)

11 源泉国・地域	最終需要国・地域						(十億ドル、%)
	日	AEC	韓	台	香	中	印
日	5,169	66	37	28	8	128	16
AEC	91	1,399	30	15	9	100	37
韓	29	27	679	6	3	65	10
台	16	15	6	266	4	45	5
香	6	9	3	2	144	27	4
中	131	75	46	22	24	5,871	43
印	11	24	7	3	3	23	1,467
その他	654	421	246	104	65	6,554	1,826
世界計	5,965	1,937	1,001	421	233	6,919	1,898
自国調達率	86.7	72.2	67.8	63.2	61.8	84.9	77.3
他アジア調達率	4.8	11.2	12.9	18.1	21.9	5.6	6.1
アジア依存率	91.4	83.4	80.7	81.2	83.7	90.5	83.4
95 源泉国・地域	最終需要国・地域						(十億ドル、%)
	日	AEC	韓	台	香	中	印
日	4,830	55	29	21	8	15	3
AEC	44	476	9	7	4	5	3
韓	21	10	380	3	2	4	1
台	13	8	2	178	3	4	1
香	5	4	1	3	94	5	1
中	20	9	4	3	8	601	1
印	4	2	1	0	1	0	310
その他	287	118	77	46	28	636	340
世界計	5,200	671	498	258	139	669	349
自国調達率	92.9	70.9	76.3	69.0	67.6	89.8	88.8
他アジア調達率	2.1	12.4	9.2	14.3	18.7	4.9	2.9
アジア依存率	94.9	83.3	85.5	83.3	86.3	94.8	91.7

出所:TiVAより作成。

1995年から2011年にかけて,アジア新興国をめぐる付加価値貿易は大幅に増加した(なお日本も増えているが,伸び率は低い)。グローバル化の中,「ア

ジア依存率」(自国内の調達率+他のアジア諸国からの調達率)は多くの国で低下したが，AEC のみ同水準を維持している。これは AEC 域内の取引が増えたためである。日本は他のアジア諸国からの調達も増えてはいるが，自国調達率が依然高いため，アジア依存率はアジア諸国中最高水準にある。

日・AEC 間の付加価値貿易

さらに日本と AEC に着目し，付加価値の主な流れをみると，次図の如く相互に密接な関係があることが分かる。AEC 内の貿易も拡大しているが，「閾値」に満たないことが多く，日本との取引が依然大きい。

このうち輸送機械，その他機械，製鉄，金属製品では，日本からの付加価値提供が中心となっている。電気光学機械，化学，非金属製品では，AEC 側からの付加価値提供もみられ，一部双方向の取引となっている。逆に鉱業，食品飲料タバコ，農林水産では，AEC 側の貢献が大きい。他方サービス業では，卸小売は双方向で AEC 側の寄与も大きいが，運輸倉庫では日本の寄与が相対的に大きい。研究開発では依然として日本の役割が大である。

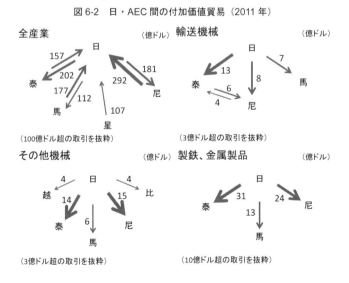

図 6-2　日・AEC 間の付加価値貿易 (2011 年)

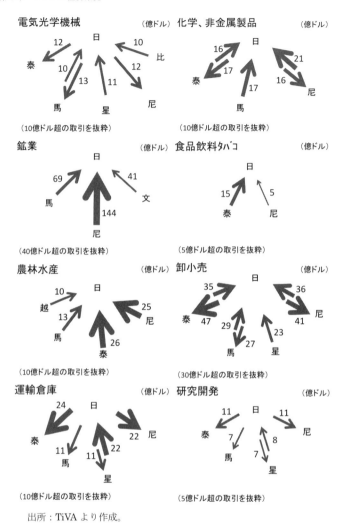

出所：TiVA より作成。

サービスの付加価値

上述の如く，付加価値創出という観点からは，サービス業が重要となってきている。国内サービス業の付加価値が輸出総額に占める割合をみると，日本やシンガポールのみならず，香港やインド，フィリピンも，産業構造上サービ

業への依存度が高い。一方中国を含め，アジア新興国は農林水産や工業への依存度が高く，サービス業の付加価値はまだ低位である。コスト高の先進国としては，高度な「**サービス活動**」で差別化することが求められている。

表 6-5　輸出に占める国内サービス業の付加価値割合（2011 年）

(%)

香	76.4	東	35.5	尼	24.3
印	47.8	台	30.3	馬	24.0
日	44.4	中	27.7	越	23.2
星	41.8	泰	26.2	文	8.0
比	39.6	韓	25.3		

出所：TiVA より作成。

GVC のリスク対処

リーマンショックでは，欧米の需要減が「世界同時不況」をもたらした。需要変動が小売→卸→工場→供給者へと伝わる毎に増幅する様は，「**ブルフィップ（牛追い鞭）効果**」と呼ばれる。

東日本大震災やタイの大洪水は，グローバルバリューチェーン（GVC）内の他国にも甚大な影響を与えた。供給網上のリスクに対しては，**冗長性**（Redundancy）により**回復力**（Resiliency）を高めるのが，BCP（事業継続計画）の考え方である。生産拠点を分散させ，調達ネットワークを多様化することにより，リスクを分散させることができる。

産業連関には前方・後方の双方がある。GVC の構成員としては，調達側と販売側の両方に留意する必要がある。調達側では，拠点分散，二重化などで，他国への生産シフトも含め，供給者を多様化させておく必要がある。一方販売側では，納入先の開拓など，買い手を増やしていく必要がある。

新興国が GVC に参加し，技術を蓄積し，競合相手を上回る付加価値を賦与できるようになれば，販売先を獲得できる。失注の場合には収益や雇用面のリスクとなるが，労働市場が柔軟なら吸収可能である。GVC への参加は，総じてメリットがデメリットを上回るものと思われる。

アジア諸国の GVC 参加

次に GVC 参加による産業育成の成功例として，台湾とフィリピンの半導体産業をみる。

台湾の半導体産業育成

台湾は PC 業界の分業の進展やコスト削減要請の中，**ファウンドリー**（ウェハー受託製造）というビジネスモデルを構築した。さらにノート PC の EMS（Electronics Manufacturing Service：電子機器の受託生産）でも，GVC における独自ポジションを確立した。

当初は半導体産業の集積に乏しかったが，台湾政府が新産業育成のため優秀な IT 技術者を米国から帰国させ，工業技術研究院や新竹科学工業園区といった活躍の場を設け，税制面でも優遇した。テキサスインスツルメンツから移り，TSMC を興した張忠謀氏は，「当時の台湾ではファウンドリーという道しかなかった」と述懐している。次第にシリコンバレーからの帰国者が集まり，IT 企業を興すようになった。技術蓄積も進み，台湾発の**ファブレス**（設計専門）企業も生まれるようになった。

他方日本の総合電機メーカーは，垂直統合による社内生産に拘泥し，輸入部品を弾力的に組み合わせてスピードを追求する世界の流れから孤立し，競争力が低下している。

フィリピンの半導体産業への特化

フィリピンの半導体産業も，グローバル企業の VC 展開に乗る形で急成長した。日本貿易振興機構（2012）によれば，同国政府は開放政策のもと外資を誘致し，電子産業育成に努めた。これにより，半導体後工程とハードディスクドライブ（HDD）製造に特化した産業構造が形成された。

経緯としては，まず 70 年代に米国メーカー（テキサスインスツルメンツ，インテル，フィリップスなど）の投資で，半導体の後工程事業が集積した。次いで 80 年代後半の円高以降，日本企業（日立，東芝，富士通，NEC など）が進出し，HDD の製造拠点を形成した。最近は地場の EMS 企業も生まれている。いまや輸出の過半を電気機械が占めるようになり，特化度が顕著である。

近隣諸国の人件費は急騰しているが，同国は労働争議が少なく，目がよく手先の器用な若年労働者が多く，高学歴者も集めやすい労働市場となっている。「チャイナ+1」の分散化が求められる中，部品供給拠点としての中国から近く，日系企業がプリンター関連などで進出している（セイコーエプソン，村田製作所，ブラザー工業，キヤノンなど）。ただし国内では裾野産業に乏しく，部品の国内調達は難しい。組立主体で，技術蓄積は進んでおらず，高付加価値化が課題である。国内市場は小さく，ほぼ全量が輸出向けとなっている。

付加価値貿易と日本の役割

　付加価値貿易は「仕事のやり取り」である。取引額が大きいほど，GVCに貢献していることになる。先進国のグローバル企業のVC展開により，付加価値貿易が拡大する面が大きいが，新興国もGVCでの役割を見出すことにより，付加価値貿易を増やすことができる。

　アジア新興国をめぐる付加価値貿易は拡大している。特にAEC内では域内調達が増えている。一方日本・AEC間の付加価値貿易は，双方向で金額も大きく，密接な関係が続いている。業種別にみると，輸送機械やその他機械では日本の貢献が大きい。電気光学機械，化学，非金属製品では，双方向の取引となっている。サービス業のうち，卸小売は双方向だが，運輸倉庫や研究開発では，日本の貢献度が大である。

　アジア新興国では，「**コールドチェーン**」（低温物流網）が未発達で，「**ミルクラン**」（部品の巡回集荷）のようなノウハウもなく，各国をシームレスに繋ぐまでには至っていない。この点日本通運ほかの日系物流企業は，自社拠点をアジア各地に設け，拠点間をITも活用しながら結び，現地の物流人材を育成しつつ，物流網を拡大している。新興国側としては，日本から物流ノウハウを学ぶ格好の機会である。一例としてミャンマーでは，国分系の企業の構築したコールドチェーンのおかげで，ケンタッキーフライドチキンなど外資を含む外食産業が，食品を安全に調達できるようになった面がある。

　日系企業は研究開発でも，アジア諸国に付加価値を提供している。自動車メーカーは開発の現地化を進めており，新興国向けの製品が提供されている。日本

のマザー工場では，新興国で横展開可能な生産技術が開発されている。これは現地の技術習得や人材育成,産業構造高度化に寄与することとなる。特にマザー工場のもつ，技能伝承，ソリューション提供，試作，生産技術改善といった機能は，生産技術を究極まで高めた日本ならではのものであり，高度なサービスの形態となり得る。熟練技術者の暗黙知を形式知化し，新興国でも使えるようにすれば，意義深い取り組みとなろう。

第7章 アジアの産業概観

第1節 アジアの産業集積

・アジア各地に自動車・電機などの産業集積が形成されており，それらの「**連結性**」を高める努力が続いている。東南・南アジアが繋がれば，世界最大級の中心的な生産拠点となることが見込まれる。

　日本の経済産業省は，図 7-1 のようにアジアの産業集積間の「**連結性**」Connectivity）を高め，アジアのサプライチェーンを重層的につないでいく構想を持っている。インドシナ半島には**経済回廊**が縦横に通り，自動車などの一大生産拠点となっており，これをインドのチェンナイーベンガルール（旧称バンガロール）やデリーームンバイの産業開発に繋げていく計画である。資源国インドネシアにも自動車産業などが集積しているが，「ジャカルタ首都圏投資促進特別地域」のインフラ不足を解消すべく，MPA（Metropolitan Priority Area）の協力体制が日尼間で構築されている。

　東南アジアでは，マレーシアほかに電子産業が，またタイやインドネシアに自動車産業が集積している。特にバンコク周辺は AEC における日系企業の「製造統括拠点」となっている。

　一方南アジアでは，インドが"Make in India"のスローガンのもと，製造業を誘致しており，自動車産業などが発展しつつある。インドで製造困難な部品があっても，これを東南アジアから南アジアに供給すれば，低廉な労働力を活用して組み立て，インドの国内市場のみならず，中東・アフリカといった西方市場にも販売を拡げることができる。東南アジアと南アジアの「**連結性**」（Connectivity）が重要となる所以である。

図 7-1　アジアの産業集積間の連結性強化

出所：経済産業省 2012。

　東南アジアと南アジアを繋ぐ国際協力の枠組みとしては，BIMSTEC（ベンガル湾多分野技術経済協力イニシアティブ）がある。タイ，ミャンマー，インド，バングラデシュ，スリランカ，ネパール，ブータンが加盟し，緩やかな連携を目指している。

第 1 項　産業集積の状況

　ジェトロによれば，タイには一～三次サプライヤーが現地企業も含め約2400社存在するという（インドネシアは約 800 社）。日系企業も（次図で見にくいほど）多数集積している。ただしバンコクでは人件費が高騰しており，周辺国に「タイ+1」の動きが起きている。

　一方インドでは，デリー，ムンバイ，チェンナイ，コルカタが「黄金の四辺形」を形成している。このうちタミルナードゥ州のチェンナイ（旧マドラス）は，南インド最大の国際港湾を備え，AEC 側の窓口となっている。「マドラスチェック」の繊維業から，電気機械・自動車までが集積している。工科大学や職業訓練校が多く，製造業の基礎力があるが，人件費はニューデリーやムンバイより安い。

第 1 節　アジアの産業集積　　103

図 7-2　バンコクの日系産業集積

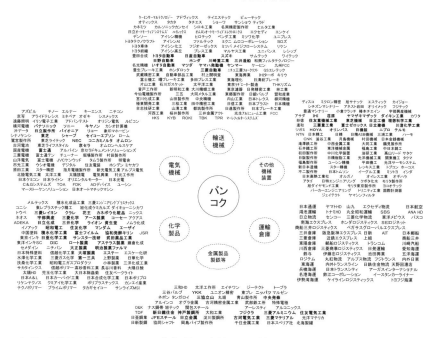

出所：東洋経済新報社 2016 より作成（主要業種のみ抜粋）。

　チェンナイには電機メーカーのデルやサムスンなどが立地し，現地で賄えない電子部品は AEC から補い，完成品を世界に輸出している。自動車はフォード，ダイムラー，BMW，現代と日系企業，建設機械もキャタピラーと日系企業が進出している。欧米や現地のサプライヤーが集まり，現地調達も可能となっている。チェンナイは治安がよく，女性がスクーターに乗れることもあって販売台数が多く，ヤマハ発動機などが生産を行っている。

　チェンナイの産業集積は市街部から概ね約 50km 圏内に収まり，クラスター形成に必要な**近接性**（Proximity）が認められる。部品は市内に近いチェンナイ港から輸入し，完成車は専用船の着岸可能なエンノール港から輸出でき，サプライチェーンがコンパクトである。デリー〜チェンナイ間を商品損傷覚悟で陸送するより，バンコク〜チェンナイの船便の方が安いこともある。

チェンナイ近郊のオラガダム工業団地では，ルノー日産とダイムラーが道路を挟んで向き合い，周辺に日米欧印の部品メーカーが分布し，コマツも立地するなど，先進国ではあり得ないような集積が形成されている（これに比し現代自動車のチェンナイ工場周辺は，部品メーカーが僅かである）。一方マヒンドラは，チェンナイ南方に自動車関連の研究所集積（マヒンドラリサーチバレー）を設け，そこにルノー日産の研究所も立地している。

図7-3　チェンナイの日系産業集積

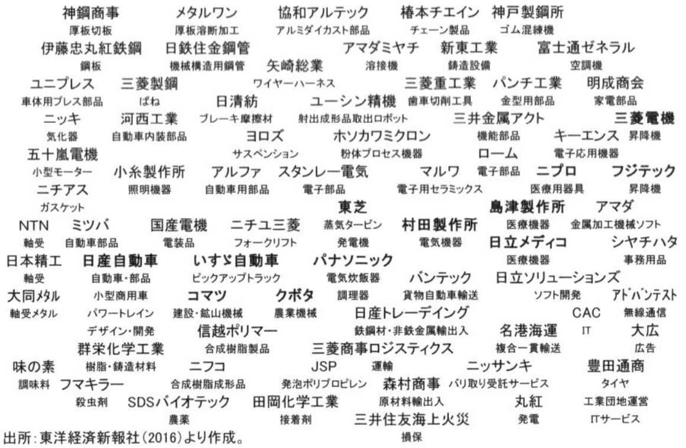

出所：東洋経済新報社（2016）より作成。

図7-4　ベンガルールの日系産業集積

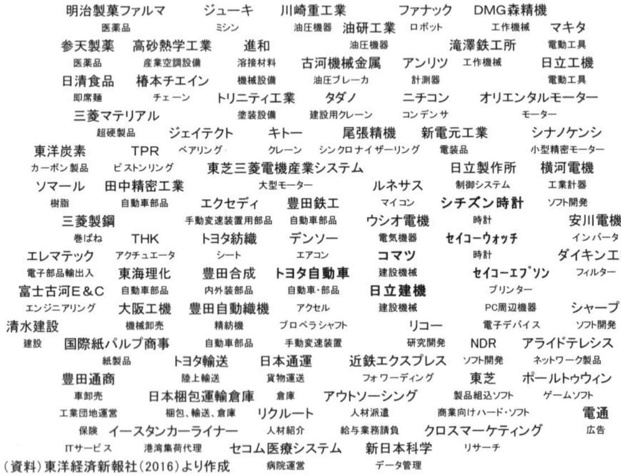

（資料）東洋経済新報社（2016）より作成

チェンナイから350km内陸には，IT産業の集積するベンガルールがある。郊外のビダディには，トヨタ系部品メーカーの集積する「トヨタ村」が形成さ

れている。両都市間の輸送は概ね順調で，今後鉄道などのインフラ整備が進めば，産業回廊（コリドー）も形成できよう。

一方ハイデラバードやコルカタ（旧称カルカッタ）は，集積度に乏しい。

他方バングラデシュのダッカは，コルカタと同様，沖積デルタ地帯に位置し，大型船は入港できない。チッタゴンには河川港があるが，丘陵地帯には少数民族がおり，政治・宗教的対立が残っている。

ミャンマーのヤンゴン周辺は，日系企業の進出は多いものの，軽工業主体で，本格的な生産はまだこれからの段階にある。

図 7-5　東インドの日系産業集積

ハイデラバード			コルカタ		
不二製油			三菱化学	神戸製鋼所	黒崎播磨
油脂	三菱商事		テレフタル酸	製鉄機械	耐火物
東芝三菱電機産業システム	農薬		日新		野村総合研究所
エンジニアリング	近鉄エクスプレス		倉庫管理、輸出入、通関、構内作業		システム開発
東芝プラントシステム	国内貨物輸送				
エンジニアリング	ロジスティクス				

出所：東洋経済新報社(2016)より作成。

図 7-6　バングラデシュの日系産業集積

ダッカ　味の素　グンゼ　丸久　小島衣料
　　　　調味料　ミシン糸　婦人・子供服　縫製
ロート製薬　YKK　トヨタ自動車　トプコン
医薬品　ジッパー　車体　光学ユニット
日本ペイント　ニプロ　ホンダ　NTTドコモ
塗料　血液回路　二輪車　移動通信
T&Kトオカ　医薬品　部品　日本通運
インキ　郵船ロジスティクス　鴻池運輸
日本エマージェンシーアシスタンス　物流　フォワーディング
医療支援　ハマキョウレックス
　　　　　物流センター

チッタゴン　マミヤオーピー　トプコン
　　　　　ゴルフシャフト　光学ユニット
　　　　　　　　グローブ　CBC
マルハニチロ　光波　レンズ
エビトロール漁業　自販機用製品　研磨
　　　　　LED照明製品

出所：東洋経済新報社(2016)より作成。

図 7-7　ヤンゴンの日系産業集積

G-7アグリ　タサキ　フマキラー　フォスター電機
農畜産　真珠養殖　殺虫剤　スピーカー　富士フイルム
ユニチャーム　ハニーズ　日産自動車　ヘッドホン　光学機器
生理用品　婦人服　車両組立　マニー
日本コンクリート工業　ワコール　豊田通商　手術用縫合針
コンクリート　婦人下着　車両・部品販売　歯科用根管治療機器
江守　商船三井　三菱倉庫　鴻池運輸　上組
復建調査設計　貿易　海運　国際輸送　フォワーディング　通関
地盤調査　郵船ロジスティクス　東陽倉庫　日新運輸　輸送
クリハラント　物流　物流　フォワーディング
電力プラント　日通商事　イースタンカーライナー　日本ロジステム
富士古河E&C　貿易　港湾集船代理店　フォワーディング　旅客自動車運送
電気空調工事　佐藤工業　阪急阪神エクスプレス　大気社　引
機械据付　建設　国際貨物輸送　空調衛生工事
配管　日本工営　トーカイ　第一交通産業
　　エンジニアリング　ガス導管施工　ごみ焼却炉業　自動車修理
千代田化工建設　セコム　JTB　日系産業進出支援
産業用設備　警備　旅行
スターツ　オリエンタルコンサルタンツ　旅行　アジア航測
不動産仲介　YKK　建設コンサル　サイトラベル　航空測量
サービスアパート　旅行　イオン　フォーバル
日本システム開発　レカム　マイクロファイナンス　大和総研
中古機器販売　BPO　ソフト開発
KDDI　ヤバシ　ミライト情報システム　NTTデータ　証券取引所
通信　CAD入力　ソフト開発　システム設計
ウェブクルー　ストライダーズ
市場調査　広告

出所：東洋経済新報社(2016)より作成。

第 2 項　国境地帯の現況

・ミャンマーは東南・南アジアの「**結節点**」として重要な立地にあるが，陸路は整備が進んでおらず，ダウェーなど沿岸部を開発し，海路で繋がろうとする計画がある。

　AECと南アジアの連結性を高めるには，インドやミャンマーほかの国境地帯が鍵となるが，現状では交通インフラなどがまだ整備されていない状況にある。

　巷間インドは「地球上で最後に台頭してきた国」のように表現されるが，かつてはインダス文明で栄えた大国だった。その後アーリア系民族がカースト制度を持ち込んだため，貧富の差は大きいままである。州政府毎に政策が異なり，"United Kingdom of India"や，「まるでEUのようだ」と評される。インド東北部は開発が遅れ，その形状から「チキンネック」と呼ばれる。キリスト教，イスラム教，仏教が混在し，過激派の分離独立運動もある。ナガ族は昔「首狩り族」と呼ばれ，今でもコヒマには犬肉や芋虫の並ぶ市場がある。インパールは日本陸軍が物資補給を軽視し惨敗した場所で，兵站の重要性が語り継がれている。

　インド・バングラデシュ間には係争が残り，国境線は複雑である。バングラデシュは自国を通過するインドの物資輸送を，「道路不備」を理由に拒否した経緯がある。このためモディ首相（2014年〜）はインド東北部を独自開発し，ミャンマーやAECと繋がる意向である。

　ミャンマーはAECで最も開発が遅れているが，結節点として重要な立地にある。本来Land Bridgeの筈だが，現状はMissing Linkのままである。

　ミャンマー西部のシットウェでは，インドのコングロマリットであるエッサールグループが，両国を繋ぐカラダン川の水陸複合開発を計画している。しかしラカイン州では仏教徒とイスラム教徒が衝突，反国連／国際NGO暴動が発生し，非常事態宣言が発令された。州内の多くの地域は旅行が制限され，許可なしには入域できない状態にあった。河口の港湾は先行的に整備されたが，周辺環境は企業誘致に必ずしも適していない。

　一方チャウピューでは，中国が石油・ガス関連の開発を進めている。貯蔵タ

ンクが既に何基もできており，マンダレーを経由して雲南省の昆明までパイプラインが伸びている。

他方南部のダウェーでは，タイの建設会社が深海港を開発し，石油化学製品をタイに供給，バンコクの自動車・部品をインド以西に輸出する計画である。ただし現地では少数民族問題が残り，同社の資金調達難も報じられている。

図 7-8　ミャンマー国境部の開発計画

出所：各種報道より作成

ミャンマーは世界銀行の「物流パフォーマンス指標」で，160 か国中 113 位と（改善はしているものの）低位にある（2016 年）。AEC 内でミャンマーのみが越境交通協定を批准しておらず，車両の相互通行や輸出入手続の共通化が未了である。物流はハード・ソフト両面の改善が必要となっている。

第 3 項　物流ネットワーク

・民間の物流企業は東南・南アジアに進出し，独自の工夫を行いながら，**物流ネットワーク**を形成し，製造業をはじめとする地域の産業を支えている。

108　第 7 章　アジアの産業概観

「ASEAN 連結性マスタープラン」は，ハード面では ASEAN ハイウェイネットワーク，ソフト面では関税撤廃と輸送インフラ整備，越境交通円滑化を目標に掲げている．

図 7-9　日系物流企業のネットワーク

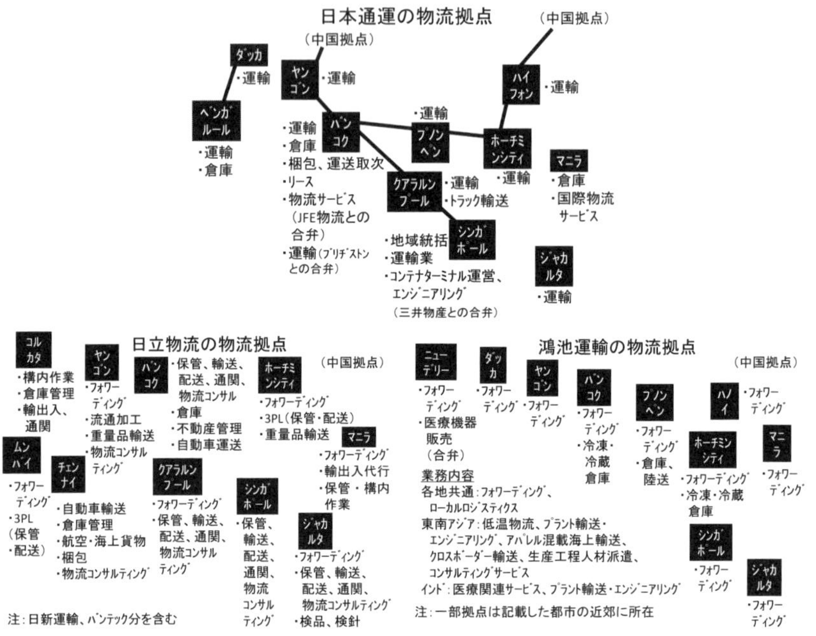

出所：東洋経済新報社 2016，各社アニュアルレポートより作成．

　その中で奮闘する民間企業が日本通運である．各種報道によれば，日本では郵政との経緯があり宅配便をやめたが，国際 B2B ビジネスに注力し，国際航空貨物で国内首位となった．既に中国と AEC を物流網で繋ぎ，クロスボーダー輸送をシームレスに行っている（ただしミャンマー・インド間が最後の壁である）．同社の「メコンインドエクスプレス」は，バンコクとチェンナイを結ぶ複合一貫輸送サービスである．主目的は自動車部品の供給で，陸路マレー半島を南下，マレーシアのクラン港から海路となる．シンガポールでの積替が不要で，マラッカ海峡経由の船便より 1 週間弱短縮され，運賃はほぼ同等である．この

ほか自動車部品の**ミルクラン**（巡回集荷）や**ジャストインタイム**（JIT）の配送も行っている。

一方佐川急便は，ベンガルールとスリランカの現地企業に資本参加し，インドを南部から攻略している。また名港海運は，タイ・チェンナイ間で自動車・家電関連の物流を行っている。

他方日立物流は，傘下のバンテック（自動車）と日新運輸（電機ほか）の業種別ノウハウを使い分けている。日立グループの企業として，物流のビッグデータを活かし，在庫管理のシミュレーションを行えるようになっている。鴻池運輸も果敢にリスクをとって，インドやバングラデシュ，ミャンマーなどに進出し，フォワーディング業務を行っている。

第2節　在アジアの日系自動車産業

・AECのうち，特にタイとインドネシアは，自動車の重要生産拠点となっている。
・日本の自動車各社はAECの関税撤廃を見越し，生産ネットワークを再構築してきた。トヨタの世界戦略車「IMV」はその例である。

アジア新興国では所得増を受け，自動車需要が増加している。中国では高級車が「ステータスシンボル」として売れている。AECのうち，特にタイとインドネシアは，自動車の生産拠点となっている。従来圧倒的に二輪車中心だったベトナムでも，四輪車が増えている。

タイではピックアップトラックが多く，乗用車ではエコカーが増えている。日本車のシェアは8割超である。一方インドネシアはミニバンやSUVなど多目的車が多く，日本車のシェアは9割に達している。

日本の自動車メーカーは，AEC諸国で生産・販売拠点を拡大してきた。アジア通貨危機や，最近ではタイの洪水の影響はあったが，アジアへの生産シフトは不可逆的だろう。各社はAECの関税撤廃を見越し，生産ネットワークを再

構築してきた。トヨタの世界戦略車「IMV」（Innovative International Multi-purpose Vehicle）はその典型である。IMV プロジェクトのもとでは、AEC 各国が主要部品を供給し合い、AEC 内で組み立て、域内外に販売している。

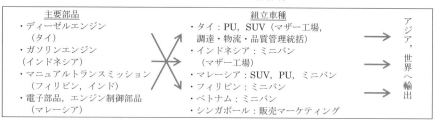

図7-10　トヨタ IMV の生産体制

（PU：ピックアップトラック，SUV：多目的スポーツ車）
出所：各種報道より作成。

　プラットフォーム（車台）は共通化してコストを削減しつつ、各国毎に多様な車種を生産し、世界の新興国需要に応えている。域内調達を進め、AEC 内での付加価値が高まっている。部品供給拠点が分散化し、自然災害や暴動などのカントリーリスク、為替変動などに対応しやすくなる効果もある。

　タイには日米の自動車メーカーが集まり、必要な人材も育っている。トヨタはタイに開発拠点を設け、内外装の設計などを行っている。日系および外資、現地の部品メーカーも集積し、東南アジア随一の自動車産業集積を形成している。徐々に高度な部品も現地調達できるようになってきている。

　最近は中国やインドでも、地場の自動車メーカーが数多く育ってきた。タタモーターズの「ナノ」は部品むき出しだが、4 人が乗れて約 2 千ドルである。コスト面では日系メーカーは競争困難である。

　アフターサービスではまだ日系企業に優位性があるが、韓国のメーカーも類似のサービスを提供し始めており、競争環境は厳しくなっている。

第3節　在アジアの日系サービス業

- アジアでは**サービス経済化**が進んでいる。特にアジア先発国は，その度合いが顕著である。
- 日系のサービス業は，製造業を累計進出社数で上回るようになった。**地域統括会社**，各種コンサルティングなどの**業務サービス**のほか，物流・販売，**生活関連サービス**など，業務内容が多様化している。

アジアでも**サービス経済化**が進んでおり，ここでサービス業をとりあげる。サービス業でアジアの需要を取り込んでいくためには，現地進出が不可欠となる。日系サービス業は東日本大震災やタイの洪水以降もアジアに進出し続け，製造業を累計社数で上回るようになった。**地域統括会社**，各種コンサルティングなどの**業務サービス**のほか，物流・販売，**生活関連サービス**など，業務内容が多様化している。日系企業関連の日本人客も多いものと思われる。コスト高の先進国としては，高度な「**サービス活動**」で差別化することが求められている。

表 7-1　アジアにおける日系サービス業の現地法人数推移

	2010	2015	増		2010	2015	増
統括会社	278	441	58.6	総合卸売	333	406	21.9
金融	400	520	30.0	専門卸売	3,487	4,600	31.9
不動産	115	181	57.4	スーパー	25	33	32.0
コンサルティング	55	120	118.2	専門店	71	99	39.4
人材派遣業務請負	54	92	70.4	百貨店	11	14	27.3
情報システムソフト	384	611	59.1	自動車販売	5	13	160.0
広告	93	140	50.5	他小売	42	84	100.0
通信放送	37	51	37.8	飲食外食	71	124	74.6
新聞出版	11	13	18.2	旅行	48	59	22.9
映像音楽	8	19	137.5	ホテル	11	11	0.0
建物管理警備	41	64	56.1	レジャー娯楽	6	23	283.3
建築設計	15	23	53.3	他サービス	417	673	61.4
機械等修理	30	36	20.0	サービス業計	6,784	9,436	39.1
倉庫物流	420	569	35.5				
貨物運送	178	234	31.5	製造業	6,939	8,431	21.5
海運	89	117	31.5	その他	346	448	29.5
航空	2	3	50.0				
鉄道バス	0	1					
電力ガス	47	62	31.9	全産業	14,069	18,315	30.2

出所：東洋経済新報社 2016 より作成。

業務内容別にみると，地域統括会社，金融，不動産，広告，通信放送・新聞

出版，情報システム・ソフト，コンサルティングといった高度な業務のほか，製造業などを支える物流，卸小売，人材派遣・業務請負，機械等修理，警備，飲食・宿泊ほかの生活関連サービスなど，業態が多様化している。顧客は日系企業が多いが，欧米・現地企業も徐々に増えているものと思われる。

これを国・地域別にみると，表7-2の如くタイでは運輸倉庫，情報システム・ソフト，人材派遣・業務請負，コンサルティングなど，製造業を支援するサービス業態が拡がっている。タイに進出した日系サービス業は1,066社で，シンガポールの同1,087社に近付いている。

表7-2 アジアにおける日系サービス業の国・地域別分布状況

(社)

	アジア	韓	台	中	香	星	馬	泰	尼	比	越	印	他アジア
統括会社	441	6	1	137	93	121	14	56	2	4	2	5	0
金融	520	18	24	82	83	82	33	75	53	19	14	18	19
不動産	181	4	8	63	9	17	5	7	19	21	16	2	10
コンサルティング	120	7	1	53	3	13	4	13	12	1	9	2	2
人材派遣業務請負	92	6	6	24	10	12	2	11	4	1	8	7	1
情報システムソフト	611	46	21	284	22	49	22	44	21	20	51	24	7
広告	140	5	10	40	8	18	9	18	6	4	11	10	1
通信放送	51	5	1	9	5	9	2	4	3	1	5	4	3
新聞出版	13	0	3	2	4	2	1	1	0	0	0	0	0
映像音楽	19	2	1	5	3	2	1	2	2	1	0	0	0
建物管理警備	64	3	7	30	2	4	3	3	3	0	7	1	1
建築設計	23	0	2	9	1	2	0	1	1	1	4	0	2
機械等修理	36	6	5	8	1	3	2	6	1	1	3	0	0
倉庫物流	569	16	14	212	44	31	30	76	48	19	33	19	27
貨物運送	234	4	15	58	30	19	14	40	14	9	14	8	9
海運	117	4	3	15	13	41	5	11	4	7	1	5	8
航空	3	0	0	0	0	0	0	2	0	0	0	0	1
鉄道バス	1	0	0	0	0	0	0	0	1	0	0	0	0
電力ガス	62	2	7	3	1	3	4	17	9	6	2	1	7
総合卸売	406	14	30	139	44	33	24	48	27	9	18	19	1
専門卸売	4,600	320	369	1,381	631	511	199	529	213	81	113	218	35
スーパー	33	2	1	24	0	3	0	3	0	2	1	0	0
専門店	99	6	22	32	8	12	7	8	2	1	1	0	0
百貨店	14	0	2	6	0	2	1	3	0	0	0	0	0
自動車販売	13	0	0	4	0	0	1	3	0	1	3	0	1
他小売	84	6	5	37	10	1	8	6	2	0	4	3	2
飲食外食	124	10	19	34	20	11	3	16	6	0	1	2	2
旅行	59	4	3	11	9	9	2	4	3	2	2	2	8
ホテル	11	1	1	4	0	0	1	0	2	0	2	0	0
レジャー娯楽	23	2	2	3	4	2	1	2	2	2	2	0	1
他サービス	673	48	41	256	50	78	27	57	22	18	28	25	23
サービス業計	9,436	547	624	2,965	1,108	1,087	425	1,066	482	231	355	375	171
製造業	8,431	367	416	3,776	182	214	453	1,177	630	274	495	356	91
その他	448	8	15	84	8	34	48	75	51	42	39	20	24
全産業	18,315	922	1,055	6,825	1,298	1,335	926	2,318	1,163	547	889	751	286

出所：東洋経済新報社 2016より作成。

アジアでは日本食レストランが増えたが，経営者は意外と中国人や韓国人だったりする。食材が空輸で入手しやすくなり，値段が高めでも客が来るため，

中国／韓国料理から転じる料理人が増えている。林（2012）は，日本食レストランの普及モデルを，「正当日本料理」，「フュージョン」日本料理，現地化した「元」日本料理の3つに分類している。

「正当日本料理」は日本ではよいが，高すぎて，現地では必ずしも評価されない。一方現地適応化した「フュージョン」日本料理は，米国の Sushi（カリフォルニア巻き），Tempura のように，日本らしさを残しながら形を変えたもので，現地でも人気がある。最近増えているのが現地化した「元」日本料理である。商業施設のフードコートなどでみられ，地元あるいは第三国の料理人によるものが多い。寿司は人気だが，素材などが現地化し，まるで別物になっていることもある。韓国におけるおでん，インドネシアにおけるファーストフードとしての「ほか弁」も，現地化の例である。タイではおにぎりが，自動販売機で売られている。タイの日本食チェーン Oishi は，マレーシア育ちのタイ人によるもので，寿司，すき焼き，しゃぶしゃぶ，鉄板焼きなど，何でも提供している（店で出される緑茶は砂糖で甘いが，タイ人の好みには合うようだ）。

第4節　日本の産業空洞化

- 日本企業の海外進出に伴い，地方都市では**産業空洞化**が深刻化している。これにより，職人の熟練の技を含む「**ものづくり**」の力が失われることが危惧されている。
- 地域統括本部や金融統括会社の海外流出が続くと，現地での再投資などにより，配当が日本に戻ってこないおそれがある。

産業空洞化

日本の国内生産コストは構造的に高く，海外には成長する市場が広がっているため，円高が進む度に生産拠点が海外に流出してきた。国内では失業者が増加，工場施設は遊休化し，地域は活力を失っていった。**産業空洞化**は，特に製造業に依存する地方都市にとって，ここ数十年来の大問題となっている。

日本に先駆け米国でも産業空洞化が進んだ。米国人の雇用先はサービス業やIT産業などにシフトし，製造業は中南米やアジアに流出した。これに伴い，製造技術が失われ，試作品開発などの力が落ちたとされる。日本でも，産業空洞化により，職人の熟練の技を含む「**ものづくり**」の力そのものが失われていくのではないかという危惧が根強い。

特に日本の産業の中核を成してきた，自動車産業の空洞化の影響は大きい。事業再構築を行った日産や三菱自動車の工場閉鎖は，地元経済に打撃となった。このほか電気機械などでも，早期から海外流出が続いている。

再投資収益の流出問題

前述のように，シンガポールにはアジアの**地域統括本部**が次々と設置されている。海外に**金融統括会社**を設置し，グローバルな規模で資金管理や為替管理，租税対策などを行う企業も増えている。これは欧米企業に限らず，日本やアジアの多国籍企業でも同様である。

そのような現地法人が，周辺の第三国に「迂回投資」を行った場合には，配当が本国に還ってこないことになる。海外直接投資は必然的に，国内産業空洞化，現地法人の再投資拡大による課税機会喪失といった問題を内包している。

タイやインドネシアなど，生産拠点や販売市場としての最終目的地となる国は，Destination Country と呼ばれる。これに対し，資本の集積・再配分の場となる国は，「導管」といった意味で Conduit Country と呼ばれ，オランダやシンガポールがその典型である。後者では，国際的な資本が集散しやすいよう，「外―外」のオフショア取引について免税措置を設けるなど，税法をはじめ各種の法体系が整っている。シンガポールはアジアにおける独自のポジションを活かし，資本市場などの「場貸し」ビジネスにより，存在感を増している。

日系企業も財務面ではさまざまな工夫を重ねている。トヨタ自動車はかつて，海外子会社の余剰資金を配当として受け，多くを円に換え，「トヨタ銀行」と呼ばれるほど多額の資金を自ら運用していた。しかし円は長期的に最強の通貨になりえないと判断し，海外子会社の獲得した外貨を円に換えることをやめ，現地通貨のまま保有・運用するようになった。また東芝は，海外子会社の余資を

外貨のまま残し，金融統括会社で運用している。ソニーでも同様に，在ロンドンの金融統括会社が外貨の管理を一括して行っている。

このような動きが広がれば，日本の税収に対する影響が拡大するおそれがある。このため2009年の税制改正において，外国子会社からの配当等の益金不算入制度（「配当免税制度」）が導入され，益金の95%が非課税となった。これを受け再投資収益の流出額が2009年，2010年と減少したが，その後再び増加している。投資の流出は不可逆的な流れにもみえる。直接投資の拡大により，アジア全体として産業が発展するのはよいが，日本の税収が心配になる。

第5節　製造業の国内回帰

・日本の機械産業などでは**マザー工場**化が進んでおり，アジア向けに人材や技術を生み育てる役割を担っている。これは日本ならではの高度なサービス形態であり，国内雇用にも寄与し得る。

米国では産業の「**オフショアリング**」（海外流出）が進んだが，中国ほか新興国の人件費高騰，カントリーリスクの増大などを受け，「**リショアリング**」（国内回帰）の動きもみられる。背景には，政府が雇用機会創出のため減税措置を設け，リショアリングを支援していること，シェールガス開発によりエネルギーコストの負担軽減が見込まれることなどがある。

日本でも，機械産業などでは**マザー工場**化が進んでいる。マザー工場は「**母工場**」として，人材や技術を生み育てる役割を担っている。林（2009）はマザー工場の類型として，「技能伝承・集中研修型」，「ソリューション型」，「試作型」，「高度技術シミュレーション型」，「最終組立・知財強化型」をあげている。これらは高度なサービスの形態であり，わが国工場の存在意義にも関係している。

日本の工場には熟練労働者がおり，マニュアル化されていないノウハウ，**暗黙知**が蓄積されている。開発と生産の機能が工場内に共存し，総合的な技術力が保たれている。試作品は迅速かつあうんの呼吸で「どんぴしゃり」とでき上

がる。多品種変量生産により，海外の難しい顧客ニーズにも短納期で弾力的に応えられる。現場の問題解決力に長け，海外工場の無理難題にも対応できる。『日経ものづくり』2006年8月号は，これらの特徴をまとめて「VIP工場」（Value, Immediacy, Productivity）と名付けた。これらのナレッジを標準化し世界で共有すれば，日本独自の高度なサービス形態となり，国内雇用にも寄与し得る。

　これらは生産技術を究極まで高めた日本らしいノウハウで，現地企業には殆ど備わっていない。日系企業の事業がアジア全域に広がる中，現地での活動を支える，貴重なナレッジと考えられる。またマザー工場は地方にあることが多く，日本国内と現地双方の雇用機会創出に繋がる面もある。

　トヨタGPC（Global Production Center）や日産GPEC（Global Production Engineering Center）は，新製品生産ラインの世界同時立上の支援を行っている。ホンダのマザー工場は生産技術のみならず，先端的な環境配慮の手法も発信している。

　コマツはマザー工場に開発・生産の両機能を併存させ，次世代製品開発（ICT無人建機，低燃費化ほか），QCD（品質/費用/納期）のつくり込み，人材育成・技能伝承などを行っている。新興国の労働者にも扱いやすいよう，建機のIT化を研究し，未熟練者でも画面の案内を見つつ，複雑な作業を行えるようにしている。建機にはGPSを装着し，世界各地の建機の稼働状況を把握しており，蓄積したビッグデータから全世界の需要予測を行い，グローバルに世界最適地調達を行えるようにもなっている。

　同社は建設機械の製造販売に留まらず，図7-11の如く多様なサービスを展開している。例えば機器レンタル，部品販売，中古機械の再生，有償サポート，金融，ソリューション提供などである。部品販売では高額部品の提案，「翌朝供給率」の向上を目指している。現地法人の展開も，維持補修や販売金融など，「サービス重視」である。コマツは北陸の発祥だが，企業統治を強化し，国際アドバイザリーボードや社外取締役の意見を聞き，真のグローバル企業に成長した感がある。

図 7-11　コマツのアジア現地法人のサービス網

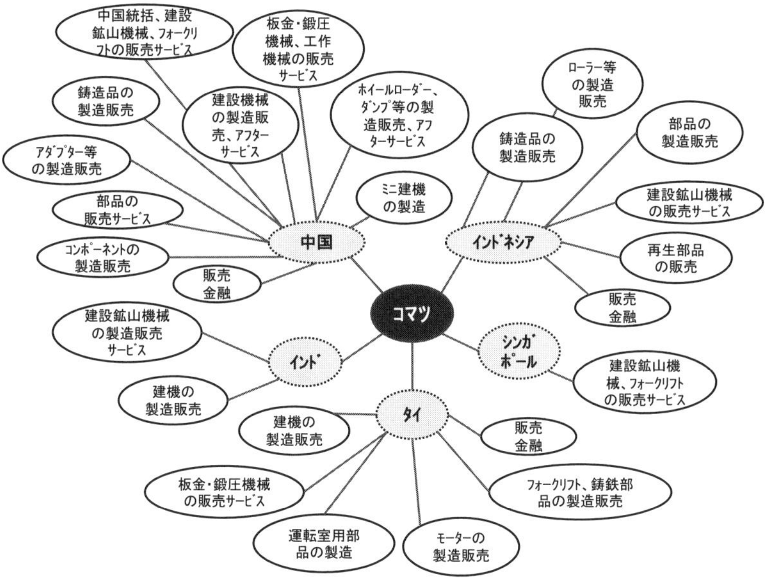

出所：東洋経済新報社 2016 より作成。

　日本のマザー工場では，新興国で横展開可能な生産技術が開発されている。これは現地の技術習得や人材育成，産業構造高度化に寄与することとなる。特にマザー工場のもつ，技能伝承，ソリューション提供，試作，生産技術改善といった機能は，生産技術を究極まで高めた日本ならではのものであり，高度なサービスの形態となり得る。

第 6 節　在日本の外資系企業

・外資系企業は日本に 3 千社強存在する。撤退した欧米企業もあるが，最近は韓国や中国をはじめ，アジア系の企業が進出してきている。

主な外資系企業は，業種別にみると表 7-3 のようになっている。欧米諸国のみならず，韓国や中国も技術・ノウハウなどを求め，日本企業に資本参加を行っている。

表 7-3　在日本の外資系企業

業種	社数	主な外資系企業の親会社(抜粋)
農林水産	3	モンサント
鉱業	3	リオティント
建設	13	ベクテル
食料品	35	コカコーラ，ケロッグ，ハーゲンダッツ
繊維衣服	19	トリンプ，エトロ
紙パルプ	11	テトラパック
化学	115	デュポン，バイエル，P&G
医薬品	68	ジョンソンエンドジョンソン，ノバルティス，ファイザー
石炭石油	13	BP，シェル
ゴム製品	10	ミシュラン
ガラス土石	14	コーニング
鉄鋼	3	ウェルディングアロイズ
非鉄金属	14	ヴァーレ
金属製品	17	ツヴィリング
機械	93	キャタピラー，サンドビック
電気機械	92	デル，ヒューレットパッカード，マイクロン，レノボ
輸送機械	64	ボッシュ，マーレ，ヴァレオ
精密機械	48	シーメンス，メドトロニック
その他製造業	59	アデランス，カールツァイス
電力ガス	6	メカル
運輸倉庫	108	DHL，フェデックス，アシアナ航空，吉祥航空
通信メディア	51	エコノミスト，FOX，ワーナー
広告	37	マッキャンエリクソン
情報システム・ソフト	370	ガートナー，グーグル，タタ，トレンドマイクロ
卸売	1,149	現代，LG，ポスコ，中国石油，ゼロックス
小売	69	ラオックス，新世界，西友
飲食外食	7	スターバックス
金融保険	232	韓国産業銀行，中国建設銀行，インド銀行
不動産	26	アスコット，キャピタランド
ホテル旅行娯楽	46	ペニンシュラ，ロッテホテル，中国青年旅行社
コンサルティング	126	インフォシス
その他サービス	199	ハイアール，サムスン日本研究所
計	3,120	

出所：東洋経済新報社 2015 より作成。

先に日本企業の流出／回帰の問題を考えたが，日本に外資系企業は 3 千社強存在している。既に「日本のビジネスは難しい」と撤退した会社もあるが，残っている外資系企業も多く，新たな製品・サービスやノウハウを提供している。最近はアジア系の企業も進出してきている。

第8章　東南／南アジアの経営環境

　以下では，AEC・南アジア諸国の経営環境について述べていきたい。一人当たり GDP の順に紹介する方法もあろうが，ここでは複数国間の産業連関を考慮し，まず赤道付近に分布する海洋諸国（「**海の ASEAN**」），続いてインドシナ半島のメコン流域国（「**陸の ASEAN**」），さらにインド亜大陸とその周辺国という流れで紹介してみたい。

第1節　東南／南アジア概要

- ASEAN 諸国は発展度合いが多様だが，AEC 創設により，単一の市場と生産基地の形成を目指している。経済が安定化し，産業が成長し，所得が向上しており，**生産拠点・販売市場**として拡大している。
- 一方南アジアでは，SAARC（南アジア地域協力連合）が結成され，緩やかな地域協力の枠組みとして機能している。
- 日本の経済産業省は，AEC と南アジアの産業集積間の「**連結性**」を高め，アジアの**サプライチェーン**を重層的につないでいく構想を持っている。

　まず東南アジアと南アジア全体を概観しておきたい。ASEAN（Association of South-East Asian Nations）は，東南アジア10か国の経済・社会・政治・安全保障・文化に関する地域協力機構である。全体の面積は日本の約12倍，人口は約6億人と日本の約5倍である（うちインドネシアが面積・人口で最大）。人種はマレー系，中国系など極めて多様で，言語や宗教もさまざまである。
　発足当時の加盟国は，5か国（シンガポール，マレーシア，タイ，インドネ

シア，フィリピン）であった。その後ブルネイ，ベトナム，ラオス，ミャンマー，カンボジアが順次加盟した。発展度合いの大きく異なる諸国が一つにまとまることは，世界でも珍しい。近年は次表のように，域外他国との FTA を拡大している。

表 8-1　ASEAN 略史

1967		ASEAN 創設
1993		AFTA（ASEAN 自由貿易地域）開始
2003		2020 年の AEC（ASEAN 共同体）創設を宣言
2007		首脳会議で AEC 創設を 2015 年に前倒し，AEC ブループリント発表
2008		ASEAN 憲章発効
2010		ASEAN6 か国，一部例外を除き関税撤廃（AFTA がほぼ完成。CLMV は 2015 年目標）
		CAFTA（中国・ASEANFTA）発効
2011		AIFTA（ASEAN・インド FTA）発効
2013		RCEP（ASEAN，日，中，韓，印，豪，NZ16 か国の地域包括的経済連携）
		交渉開始
2015		AEC 発足

出所：日本 ASEAN センター，各種報道より作成。

　AEC の発足以降も引き続き，「単一の市場と生産基地」，「競争力のある経済地域」，「公平な経済発展」，「グローバル経済への統合」を目指している。ただし EU とは異なり，域外共通関税，政府調達開放，共通通貨は見送る「半統合」の形である。

　一方**南アジア地域協力連合**（SAARC：South Asian Association for Regional Cooperation）は，南アジアにおける比較的緩やかな地域協力の枠組みである。SAARC では，南アジア諸国の経済社会開発及び文化面での協力などを目的としている。加盟国は 8 か国（インド，パキスタン，バングラデシュ，スリランカ，ネパール，ブータン，モルジブ，アフガニスタン）である。

　AEC 諸国の GDP は拡大している。このうちインドネシアが最大，タイ，マレーシアがこれに次ぐ規模である。一方南アジアには小国もあり，ネパールやブータンの経済力は，立地からみても実質的に「インドの地方州」といった位置づけとなっている。このため本書では，以降主にインド，バングラデシュ，スリランカ，パキスタンを扱っていく。

表 8-2　名目 GDP・同成長率・一人当たり水準の比較（2021 年，10 億ドル，%，千ドル）

	GDP	増減	／人		GDP	増減	／人		GDP	増減	／人
シンガポール	397	7.6	72.8	ベトナム	363	2.6	3.7	スリランカ	85	3.7	3.8
ブルネイ	14	-1.6	31.7	フィリピン	394	5.7	3.5	インド	3,173	9.0	2.3
マレーシア	372	3.1	11.4	ラオス	19	2.5	2.6	パキスタン	346	6.0	1.5
タイ	506	1.6	7.2	カンボジア	27	3.0	1.6	バングラデシュ	416	6.9	2.5
インドネシア	1,186	3.7	4.3	ミャンマー	65	-18	1.2	日本	4,937	1.6	39.3

出所：World Development Indicators より作成。

シンガポール，マレーシア，タイは，1980〜90 年代に高い成長を遂げたが，その後の成長は鈍化した。2000 年代以降は，インドシナ半島の後発諸国が成長している。なお成長地帯であるカンボジア，ラオス，ミャンマー，ベトナムの頭文字をとり，「CLMV」と呼んでいたが，ベトナムが離陸，バングラデシュも成長し，「CLMB」とも呼ばれている。

一人当たり GDP をみると，金融・物流などに強みをもつ都市国家シンガポールは，日本を上回っている。他方カンボジアやミャンマー，インドほかはまだ低水準に留まっている。

以下では，東南アジアのうちまず「**海の ASEAN**」，次に「**陸の ASEAN**」，最後に南アジアという順番で概要をみていく。

第 2 節　シンガポール

- 「**都市国家**」のシンガポールは，高度人材や先端企業を積極的に育成・誘致し，産業構造を高度化させてきた。最近は**地域統括会社**の誘致に努め，AEC における中心性を高めている。

シンガポールはマレー半島先端に立地する「都市国家」である。東インド会社が支配した後，英国が植民地化し，欧州とアジアを結ぶ**中継貿易**や通信の拠点として活用された。第二次大戦後，1965 年にマレーシアから分離独立した。

建国の父は故リー・クアンユー氏である。資源に乏しい小国だが，「**開発独裁**」と揶揄されるほど，国主導で**人材育成**や**産業政策**に注力してきた。今は息子のリー・シェンロン氏が首相を務めている。

2010年策定の「新成長戦略」では，イノベーションと生産性向上，世界の中堅企業誘致，アジアのハブとしてのグローバル都市化などが唱えられている。AECの中心という立地は，海上物流や交通利便性の上で，大きな強みとなっている。シンガポールからアジア主要都市への飛行時間は，クアラルンプール1時間，ジャカルタ2時間弱，ホーチミンシティ2時間，バンコク2時間半，ハノイ3時間余，マニラ4時間弱，デリー6時間弱，成田7時間余となっている。

　シンガポール国民および永住者は4百万人弱で，長期滞在者も含めると人口は5百万人である。中国系が7割と最も多く，マレー系，インド系が続く。多民族国家で，公用語や宗教は多岐にわたる。英国流の法体系のもと，コーポレートガバナンスの貫徹した企業が多い。

　教育は早期から選別が始まり，エリートを育てる仕組みとなっている。英語教育は小学校から始まる。高等教育機関としては，シンガポール国立大学，南洋工科大学，シンガポールマネジメント大学などがある。INSEADやシカゴ大学もキャンパスを設置している。教育省のみならず経済開発庁（EDB）も，知識労働者育成という観点から教育に関与している。さらに海外から有能な人材を広く受け入れている。おかげで「アジアで最も高度人材を雇いやすい」と言われるようになった。一人当たりGDPは5万ドルを超え，日本を大きく上回っている。

　同国は法人税率を17％と低く設定し，グローバル企業を招き入れながら，産業構造を高度化させてきた。半導体関連では，1970年代は組立など労働集約的工程が中心だったが，日米欧の企業を受け入れ，現在はウェハー製造，IC設計など，高度な作業を行っている。ジュロン島では良好な港湾を活かし，石油化学産業も集積している。関連企業がパイプラインで相互接続され，生産上の利便性が高い。最近は医薬品や航空にも注力している。「バイオポリス」は，バイオテクノロジーの研究開発拠点であり，資金力で恵まれた環境を用意し，著名な研究者を招聘している。

　人件費や賃料の高い同国は，非製造業にも注力している。港湾を活かした物流のみならず，金融，不動産，コンサルティングなどの業務サービスといったサービス業を強化し，アジアで独自のポジションを確立している。日米欧の大

手金融機関がオフィスを構え，著名な投資家ジム・ロジャーズも移住してきた。不動産ビジネスも，華人ネットワークを通じ，中国ほかアジア全域に広がっている。政府観光局は，国際会議や展示会の誘致・開催に留まらず，カジノなどのレジャー産業をも支援している。セントーサ島にはユニバーサルスタジオや水族館などがあり，南国リゾート風の雰囲気をつくっている。総じて「**場貸し**」のビジネスが得意である。

貿易相手国は，マレーシア，中国ほか，アジアが中心である。輸入は原油や電子部品など，輸出は電気機械や石油化学関連が多い。貿易収支は黒字で推移している。

シンガポール統計局によれば，最近の対内直接投資では，認可金額は米国が最多で，オランダ，バージン諸島，日本などが続いている。業種別では金融・保険が半分弱を占め，製造業，卸小売が続いている。日本企業の投資も金融・保険が多く，卸小売，製造業が続く。日系の進出企業は約7百社である。他のAEC諸国に比べ，生産拠点というよりも地域統括拠点や研究開発拠点としての関心が強い。

シンガポール政府は税制面での優遇措置や交通利便性をアピールし，**地域統括会社**を積極的に誘致している。欧米企業のみならず，日系企業も相当数が，同地に地域統括会社を設けている。ここを拠点にAEC諸国や，インド系のつながりのある南アジアに業務展開していく戦略である。孫会社の株式を売却しても，キャピタルゲイン課税はなく，AECをにらみつつアジア事業を再編するにはよい立地となる。

表 8-3　シンガポールに地域統括拠点を置く日系企業の例（一部抜粋）

旭硝子，住友化学，不二精油，豊田通商，三井化学，日清紡，キリン，サントリー，日立プラントテクノロジー，テルモ，コニカミノルタ，日清食品，IHI ほか （三菱商事は金属資源事業を，HOYAは白内障用レンズ事業を同地で統括）

出所：各社ウェブサイト，各種報道より作成。

シンガポールの税制優遇措置は多岐にわたる。他の3か国以上にサービスを提供するなど，「地域統括会社」の要件を満たせば，15%の軽減税率が適用される。さらに大規模な「国際統括会社」と認定されれば，10%または5%の軽減

税率が適用される。このほか,「金融財務センター」や国際貿易商向けの「グローバルトレーダー」への優遇措置制度も用意されている。

同国経済で無視できないのが,「政府系企業」群（GLC : Government-linked Companies）である。製造業や非製造業の中枢的な役割を担う GLC が多い。リー・シェンロン首相が取締役会長を務める GIC（政府投資公社），同夫人のホー・チン女史が CEO のテマセクなどは,**政府系ファンド**（SWF : Sovereign Wealth Fund）として，日本を含む海外の企業に大規模な投資を行っている。わが国の商業施設や物流倉庫などにも，実はシンガポールの資本が相応に流入しているのである。

AEC が発足すれば，シンガポールの中心性が一層高まる。同国は華人ネットワークを通じて中国ビジネスを展開してきたが，インド系のネットワークもあり，南アジアへのビジネス展開に有用となろう。

ただし既に高齢化が進んでおり，65 歳以上の人口割合は 1 割を超えている。産業活力の減退など,「先進国病」が懸念されるところである。「外国人人材は全体の 3 分の 1 を超えないようにする」という基本方針があるが，既に超過しているという。国内の雇用機会は限られ，シンガポール人の雇用を守るため，最近は外国人に対する就業規制が強化される方向にある。

第 3 節　マレーシア

> ・マレーシアは天然ガスを産出するほか，石油化学，電気電子関連などの産業が集積し，IT 産業の育成にも努めている。
> ・穏健なイスラム国家であり,「**ハラルフード**」の供給拠点となる可能性がある。

マレーシアは英植民地から独立した連邦国家である。領土は大きくマレー半島とボルネオ島に分かれている。ペナン，マラッカ，サバ，サラワク以外の 9 州はスルタン制で，君主がいる。シンガポール，タイ，インドネシア，ブルネ

イに隣接している。

　人口は3千万人弱である。マレー系が過半を占め，イスラム教が主であるが，華人やインド系住民も多く，宗教も多様である。教育水準は高く，マレー語が国語だが英語も全土で通じる。一人当たりGDPは1万ドルを超え，AEC内ではシンガポールに次ぐ水準である。天然ガスやパーム油，ゴムを産出する資源国で，獲得した資金を製造業や先端産業の育成に活用している。

　クアラルンプールからの飛行時間は，シンガポール1時間，バンコク／ジャカルタは2時間前後，成田は7時間半である。海峡を挟みシンガポールに隣接するジョホールバルは，マレーシアで生活しつつ，橋を渡ればシンガポールの都市機能を活用できる便利なところである。人口や産業はマレー半島の「西マレーシア」に集中している。一方ボルネオ島などの「東マレーシア」は，進出企業が少なく，雇用機会が限られている。クアラルンプールへの便数を増やし，免税措置を用意するなど，「東」の州政府は企業誘致に熱心である。

　マレーシアは2020年までの先進国・高所得国入りを目指している。そのため長期計画が策定されている。主なものは「政府変革プログラム」（GTP），「経済変革プログラム」（ETP），「第10次マレーシア計画」（TMP）である。このうちGTPは，政府を変革し行政サービス供給のあり方を改めるものである。またETPは，経済成長達成のため経済対策を講じるもので，重点12分野を定め，企業誘致や投資を促す。TMPは5か年計画で，一人当たり国民所得を1万2千ドルまで引き上げることを目指している。

　貿易相手国は，輸出入ともシンガポール・中国・日本が上位3か国である。輸入品目は石油，集積回路や半導体デバイスなどである。日本からは，製造業向けの部品などを輸入している。輸出品目は，天然ガス，パーム油，電気機械などが主である。パーム油は日本でも食品加工などによく利用されている。貿易収支，経常収支ともに黒字を維持している。

　対内直接投資は，輸送機器，化学・同製品，石油・石油化学，電気電子関連が多い（マレーシア投資開発庁）。賃金は高いが，政治の安定性，語学力，インフラの充実といった要素が評価されている模様である。

　日系企業の進出は製造業が中心で，電気電子関連，石油化学，鉄・非鉄関連

などである。州別にみると，クアラルンプールに隣接したセランゴールが多く，ジョホール，ペナンが続く。ただし最近の投資は少なく，日系企業数は1千社弱でほぼ横ばいとなっている。

「**マルチメディアスーパーコリドー**」（MSC）は，IT開発の拠点として，マルチメディア製品や関連サービスを創出する場を政府が提供するものである。マルチメディア開発公社が，「サイバージャヤ」などの地区をITビジネス拠点として認め，税減免など優遇策を講じている。100％外資でも進出可能で，外国人知識労働者の就労に便宜が図られている。

イスカンダル計画は，ジョホールで進んでいる，一大都市・産業開発プロジェクトである。2006年から2025年にかけて，シンガポールの3倍，東京都とほぼ同じ面積を，総合的に開発する計画である。両国としての共同事業や，役割分担を意識したもので，香港と深圳の関係に着想を得ている。広大な土地を提供し，シンガポールの資金や人材を受け入れて，石油化学などの製造業や，貿易，金融，観光業などを振興するものである。既に「レゴランド」，「ハローキティタウン」，「プレミアムアウトレット」などが開業している。

マレーシアは他のAEC諸国に比べ人件費が高いが，技術・知識などの先進性はシンガポールほどではない。一人当たりGDPが1万ドル近辺で成長が停滞する現象を「**中進国の罠**」というが，マレーシアも今後の経済成長をいかに実現していくかが課題となっている。「**ブミプトラ**」政策のもと保護されてきたマレー系企業も存在する。華人とマレー系の所得格差，利害対立も潜在的な問題として残存している。

マレーシアは穏健なイスラム国であり，イスラム教徒には自由主義経済の窓口となっている。クアラルンプールには中東の富裕層が家族連れで買い物に来ている。マレーシアは政府機関がハラルフードの認証を行い，信頼されている。イスラム圏では人口や所得が増加しており，**ハラルフード**の「メッカ」となる道もあろう。

第4節 インドネシア

- インドネシアは2億人強の人口大国で，世界最大のイスラム国家でもある。
- 石油・ガスを産出するほか，自動車ほかの製造業が集積し，一大生産拠点となっている。日系企業の進出も多い。ただし裾野産業が未熟で，輸入が嵩んでいる。
- 所得が向上し，市場としての成長が期待されており，サービス業の進出も増えている。

かつてオランダが東インド会社を設立し，直接統治を行っていた。その後日本軍が占領したが，戦後に独立を果たした。

インドネシアの領土はスマトラ島，ジャワ島などからなる島弧に分散している。ジャカルタからシンガポールやクアラルンプールへの飛行時間は2時間前後と比較的近いが，バンコク／ホーチミンシティへは約3時間，成田へは8時間弱かかる。

人口は2億人強とAEC随一で，世界でも4位の人口大国である。世界最大のイスラム国家でもある。依然増加中で，国連はピーク時に3億人に達すると予想している。タイやベトナムに比べ，若年層の割合が高く，労働力は安定供給される見込みである。石油，天然ガス，錫などを産する資源国である。一人当たりGDPは，モータリゼーションが加速するとされる3千ドルを超え，市場としても成長が期待できる。日本車の普及率の高さにみるように，全般に親日的である。識字率は都市部で高い。

ジャワ島に1億人超（全体の6割），ジャカルタに約1千万人が住んでいる。マレー系が多いが，人口の3％に過ぎない華人が政治経済の実権を握っている。アジア通貨危機，爆弾テロ，スマトラ沖地震・津波などの影響が大きく，政情不安定だったが，近年は改善してきている。

主要産業は，自動車ほかの製造業，農林水産業，鉱業，サービス業（卸小売，宿泊・飲食）などである。2011年発表の「長期経済開発計画」（MP3EI）は，2025年までの長期計画で，総額約40兆円を投じ，インドネシア全土に6つの

経済回廊を構築し，インフラ整備と重要経済分野（22分野）の産業振興を図るものである。同国では鉄道・港湾・空港などの整備が遅れ，道路も舗装率は6割程度で舗装が進んでいない。電力は財源不足や土地収用の遅延により，国営電力公社の発電能力では電力需要を賄えず，民間発電事業者からの買電により何とか賄っている状況にある。MP3EIはこうした状況を改善しようとしている。

　シンガポールとの間にあるバタム島・ビンタン島では，両国政府が共同で工業地帯を開発した。当初はインドネシア領である両島で労働集約的工程を担い，シンガポールで完成させて世界に輸出する計画であった。電気機械メーカーなどが立地し，一時は賑わったが，最近は人件費が上昇し，巨大市場でもある中国への企業流出が相次いだ。現在は空き工場が多く，操業を続けていても従業員数は激減している。

　リーマンショック後を除くと経済成長を続けてきたが，最近は中国経済の減速で資源輸出が減少し貿易赤字を余儀なくされている。経常赤字が拡大し，ルピア安で輸入物価が上昇，経済成長が鈍化する悪循環に陥っている。

　インドネシアは裾野産業が未熟で，機械類，電気機械，鉄鋼，自動車部品などを輸入している。輸入先は中国，日本などだが，工業化の進むタイからも増えている。輸出品目は天然ガス・石油，鉱物性燃料，電気機械，機械類，自動車などである。輸出先は中国，日本のほか，AEC諸国（シンガポール，マレーシアなど）が多い。

　対内直接投資は，従来シンガポールが最大の投資国だったが，2013年に日本が首位となった。これは自動車関連が牽引したものである。ジャカルタ郊外には，多数の工業団地が整備されている。エンジンや変速機など，自動車の重要部品も作れるようになり，インドネシアはタイに次ぐ自動車供給基地となっている。最近は小売やサービス業など，拡大する現地市場を狙った進出も増加している。インドネシアとマレーシアの人種的関係は深く，言葉も共通点が多く，日系企業での勤務経験のあるマレーシア人に，インドネシア法人を指導してもらうような人材育成法も考えられよう。

日系企業は既に1千社弱が進出しており，在留邦人は1万人超という。四輪車・二輪車や電気機械ほか，製造業が中心だったが，最近は内需拡大を睨んだ，消費財や小売などの進出も増加傾向にある（マンダム，ユニチャーム，ライオン，花王，ヤクルト，公文など）。今後は製造業よりも非製造業が増える見込みである。

表8-4　インドネシアの主な日系進出企業

金属	JFE，三菱マテリアル，住友電工，古河電工，旭硝子
石油	国際石油開発帝石，石油資源開発，三井石油開発
繊維	東レ，グンゼ
化学	三菱化学，三井化学，出光，花王，ユニチャーム，ライオン，マンダム
製薬	第一三共，大塚，武田，エーザイ，アステラス，ヒサミツ，タナベ，テルモ
食品	味の素，明治，日清食品，ヤクルト，カルピス，アサヒ，サントリー
電気機械	東芝，三菱電機，日立，松下，シャープ，ソニー，エプソン
輸送用機械	トヨタ，日産，ホンダ，マツダ，三菱自動車，ダイハツ，スズキ，ヤマハ，カワサキ，日野，いすゞ，デンソー
精密機械	カシオ，エプソン，ニコン
建設	鹿島，清水建設，竹中，東急建設，日輝，千代田化工
物流	日本郵船，商船三井，川崎汽船，西日本鉄道
卸小売	三菱商事，三井物産，住友商事，丸紅，伊藤忠商事，双日，豊田通商，兼松，セブンイレブン
サービス	吉野家，モスフード，公文，HIS
金融	みずほ，三菱東京UFJ，三井住友，東京海上，明治安田生命

出所：東洋経済新報社 2015 より作成。

　国際協力銀行（2016）によれば，インドネシアに対する日系企業の関心が年々高まっており，今後3年程度の「中期的有望事業展開先」として，インド，中国に次いで，インドネシアは3位となっている。ただし，今後は進出が増加する日系企業同士や，韓国・中国企業，力をつけつつある地場インドネシア企業との競争激化も予想される。

　ジャカルタの賃金水準はバンコクよりは安いがハノイよりも高く，最近は最低賃金が急速に上昇している。デモなど労働争議も多い。各種インフラは脆弱で，頻繁な停電が進出企業を悩ませている。交通渋滞は年々悪化しており，物流環境は厳しい。

第5節　ブルネイ

- ブルネイは石油・天然ガスに依存した産業構造となっている。日本の燃料調達先でもある。

　ブルネイはボルネオ島北部に位置し，マレーシアに囲まれている。1984年に英国から独立し，英連邦に加盟している。マレー系の多い，イスラム教国である。三重県並みの面積に，約40万人が住んでいる。首都はバンダルスリブガワンである。

　財政と経済は石油・天然ガスに依存している。一人当たりGDPは2万ドル超で，福祉が充実し，教育は無料，所得税はない。国民の多くは公務員で，川中の水上集落に居住し，車で通勤する人もいる。

　石油・天然ガスを日韓ほかに輸出し，機械類，工業製品，食料品などをAEC諸国や中国ほかから輸入する構造となっている（Brunei Darussalam International Merchandise Trade Statistics）。日本の重要な天然ガス供給基地である。

　エネルギー資源に依存する産業構造で，資源価格変動の影響を受けやすい。これを脱却すべく，メタノール製造ほか川下産業の開発など，産業構造の多様化に取り組んでいる。

第6節　フィリピン

- フィリピンの人口は約1億人で，若年層が多い。
- 貧富の格差は大きいが，経済成長に伴い所得水準が向上し，小売や飲食などのサービス業が成長している。
- 半導体産業は，日米の企業を誘致し，そのバリューチェーン展開に乗る形で成長した。
- 英語力があるため，コールセンター，ソフトウェアのオフショア開発，図面のコンピューター設計など，BPOも発達している。

・日本企業は，中国からの移転投資（**チャイナ+1**）を進めている。

　フィリピンは AEC の中で最も日本に近い島嶼国である。マニラからの飛行時間は，ホーチミンシティが 2 時間半，シンガポールが 3 時間半，ジャカルタが 4 時間，成田が 5 時間弱である。

　スペイン，続いて米国の植民地となり，戦後に独立した。政治は長期にわたり混乱し，貧富の格差が拡大したが，近年は比較的安定している。ただし失業率は依然 7％前後と，域内で最も高い水準にある。ドゥテルテ大統領は，過激な発言や強硬な施策で物議を醸している。

　人口は約 1 億人で，AEC ではインドネシアに次ぐ第 2 位である。若年層の比率は域内で最多となっている。マニラに 1 千万人超が一極集中している。マレー系が多いが，中国系，スペイン系なども混在している。人口の 8 割がカトリックである。

　一人当たり GDP は約 3 千ドルである。堅調な経済成長により，IMF は一人当たり GDP が 2020 年頃に 5 千ドルに迫ると予想しており，国民の購買力拡大が期待される。このため日本のコンビニエンスストアやスーパーなどの小売，レストランなどのサービス業が，多数進出している。

　フィリピンの半導体産業は，グローバル企業のバリューチェーン展開に乗る形で急成長した。政府は開放政策のもと外資を誘致し，電子産業育成に努めた。これにより，半導体後工程とハードディスク駆動装置（HDD）製造に特化した産業構造が形成された。

　70 年代には米国メーカーの投資により，半導体後工程の工場が集まった。次いで 80 年代後半の円高を受け，日系企業が進出し，HDD の製造拠点を形成した。最近は地場の EMS（電子機器の受託生産サービス）企業も生まれている。いまや輸出の半分を電気機械が占めるようになり，特化度が顕著である。

　他方英語力があり，識字率も高いため，BPO（コールセンター，オフショアソフトウェア開発，家具・住宅等の図面のコンピューター設計など）を含む**サービス業**が発達している。英会話をインターネットで教える人もいる。明るく楽観的で，ホスピタリティにあふれた人が多く，対日感情も良いことから，日本

で働く人も多い。

　輸出入はいずれも電子部品が最多である。フィリピンは半導体など電子部品の組立拠点となっている。貿易相手国は中国，米国，日本などである。ただし輸入も多く，貿易収支は赤字が続いている。

　対内直接投資は，日本企業が中国からの移転投資（**チャイナ+1**）を進めたため，2009～11 年は 3 年連続で最大の投資国となった。その後はオランダ，バージン諸島，米国なども投資を続けている。日産や三菱自動車の工場拡張や，サービス業の進出もあり，日系企業の投資は引き続き活発である。日本食レストランは多様かつ豊富にある。

　近隣諸国の人件費は急騰しているが，同国は労働争議が少なく，目がよく手先の器用な労働者が多く，失業率が高いなか高学歴者も集めやすい労働市場となっている。「チャイナ+1」の分散化が求められる中，部品供給拠点としての中国から近く，日系企業がプリンター関連などで進出している（セイコーエプソン，村田製作所，ブラザー工業，キヤノンなど）。

　ただし国内は裾野産業に乏しく，部品の国内調達は難しい。組立主体で，技術蓄積は進んでおらず，高付加価値化が課題である。国内市場は小さく，大部分が輸出向けとなっている。

第 7 節　ベトナム

- ベトナムの人口は 1 億人弱で，勤勉な若年層が多く，当面労働力の安定供給を期待できる。共産党政権のもと，政治は安定している。文化的に日本との親和性は高い。
- 中国リスクが高まるなか，日系企業のベトナムに対する関心は強く，日本の直接投資金額は韓国ほかと首位を争っている。産業構造は農林水産業から繊維，電気機械，輸送用機械へと，順調に多様化してきている。

　ベトナムはインドシナ半島東岸，中国の南に位置し，ラオス，カンボジアと接している。阮朝の「越南」が，国名の由来である。フランスの植民地だった

が，第二次大戦後，北部でベトナム民主共和国が独立を宣言，南部でベトナム共和国が成立し，冷戦のなかベトナム戦争が勃発した。サイゴンが陥落，南ベトナムが崩壊し，ベトナム社会主義共和国が成立した。その後カンボジア侵攻，中越戦争もあったが，1986年に「ドイモイ」(刷新／改革) 政策 (社会主義路線の見直し，産業政策の見直し，市場経済の導入など) が提唱され，経済が発展し始めた。

首都はハノイ，経済の中心はホーチミンシティで，それぞれ約7百万人が居住する。両都市からバンコクは2時間弱，シンガポールは2〜3時間，成田は6時間弱のフライトである。南北に長い，日本の0.9倍の国土に，1億人弱が住んでおり，AEC内ではインドネシア，フィリピンに次ぎ第3位の人口となっている。若年人口が多く，当面は安定した労働力が期待できる。都市部での識字率は高い。手先が器用，勤勉で優秀な人材が多いという評価である。仏教や儒教の影響が強く，文化的に日本との親和性は高い。

北部はハノイを中心として，主に加工組立型の大企業が進出している。紅河デルタでは米の栽培も盛んである。中部はダナンを中心として，フエ等の世界遺産やビーチがあり，観光業が盛んである。東西経済回廊の起点としても注目されている。南部はホーチミンを中心とした商業エリアで，周辺のドンナイ省，ビンズオン省を含め，多くの日系企業が進出している。深海港のカイメップチーバイ港が営業を開始し，物流上の優位性もある。

政治は共産党政権のもと安定的である。ただし国営企業が多数残存し，生産性などの点で課題が残っている。外交は1980年代までは親ソだったが，近年は全方位外交を展開し，アジア諸国との関係を重視している。なお日本はベトナムにとって最大の援助国である。

外資導入には積極的で，1988年に外国投資法を制定した。手先が器用で勤勉な労働者が多く，労働集約型の企業進出が多い。一層の市場経済化と国際経済への統合を求め，1995年にASEANへ，2007年にWTOに加盟した。2009年には日越経済連携協定が発効した。TPPの交渉にも参加している。

ドイモイ政策の成果で，1990年代は平均8%近い経済成長を継続した。しかし1997年のアジア経済危機の影響で，直接投資が急減，経済成長率が鈍化し

た。過去には物価上昇率が2割前後となることもあったが，最近は一桁台に落ち着いている。一人当たりGDPは約2千ドルで，中進国として分類される。対外債務（政府・政府保証分，民間分を含む）は，1990年にはGDPの3倍を超えていたが，近年は4割弱の水準に減少している。高級デパートやブランドショップが存在し，iPhoneや高級スクーターを持つ人も多く，統計に表れない購買力の高さがうかがえる。

　産業構造をGDPシェアでみると，1985年時点では農林水産業が4割，鉱工業が3割弱，サービス業が3割強であったが，農村の労働力を活用した工業化が進展した結果，現在では農林水産業が2割，鉱工業とサービス業が各4割という構成となっている。主要産業は軽工業など製造業のほか，農林水産業，鉱業などである。

　10か年社会経済戦略（2011年～2020年）のもと，経済安定化と競争力強化にむけた改革を目指している。具体的には，年平均成長率6.5～7.0％達成，ハイテク関連の生産拡大（工業生産額比30％以上），貿易赤字の縮小（対輸出比10％以下），財政赤字の圧縮（対GDP比4.5％以下），物価上昇率の抑制（5～7％）といった目標を設定している。貿易収支均衡については，サムスンなど携帯電話の輸出増により，改善している。今後さらに貿易収支を改善するには，裾野産業の強化が必要となっている。

　貿易は素材や部品，資機材を輸入し，低廉な労働力を生かして加工し，輸出する構造となっている。輸入品目は機械機器・同部品，パソコン・電子機器・同部品，石油製品，布，鉄鋼などである。輸出品目は縫製品，携帯電話・同部品，原油，パソコン・電子機器・同部品，履物，水産物などである。主要相手国は，輸入が中国，AEC（シンガポール，タイ），韓国，日本など，輸出が欧米，AEC（マレーシア，カンボジア），中国，日本，韓国などである。以前は縫製品の輸出が多かったが，近年はサムスンなどが携帯電話の部材を輸入し，加工組立後輸出しており，この寄与が大きくなっている。日本との貿易では，日本から機械機器・同部品，パソコン・電子同部品，鉄・鉄くず，織布・生地などを輸入し，ベトナムから原油，縫製品，輸送機器・同部品，機械機器・同部品，水産物などを輸出する形となっている。

対内直接投資の対 GDP 比をみると，2008 年の 1 割をピークとして，最近は 5％程度まで下落している。しかし中国リスクが高まるなか，日系企業のベトナムへの関心は高く，投資金額も韓国やシンガポールと首位を争っている。日本からは既に 1 千社弱が進出し，在留邦人は約 1 万人という。進出日系企業は，北部ではホンダ，ヤマハ，トヨタ，キヤノン，ブラザー工業，パナソニック，京セラミタなど，製造業が中心である。南部では縫製，食品加工メーカーのほか，ファミリーマート，イオン，高島屋など，内需志向型の企業進出もみられる。特に南部は「市場」と「生産拠点」の両面から魅力を感じている企業が多い。東急グループは南部で「田園都市」の住宅開発を行っている。最近は日本の中小企業も進出し始めている。ザサポートベトナム社は，レンタル工場を提供して中小企業の進出を支援している。

表 8-5　ベトナムの主な日系進出企業

繊維	東レ，グンゼ，ワコール
食品	味の素，日本水産，明治乳業，エースコック，ロッテ，キリン，サッポロ，ヤクルト
鉄鋼	新日鉄住金，神戸製鋼
金属	フジクラ，古河電工，住友電工，YKK，矢崎総業
石油ガス	出光，新日本石油，三井石油開発，JX 日鉱日石開発，岩谷産業
製紙	王子製紙，レンゴー
化学	花王，資生堂
電気機械	松下，ソニー，富士通，東芝，三洋，NEC，日本電産
精密機械	シチズン，オリンパス，テルモ，オムロン，HOYA，島津製作所
輸送用機械	トヨタ，ホンダ，三菱自動車，スズキ，ヤマハ，デンソー，ミツバ
その他機械	キヤノン，京セラミタ，ブラザー工業，クボタ，日立造船，三菱重工，住友電装，日本電池，マブチモーター
建設	鹿島，清水，大成，戸田，西松，熊谷
物流	日本通運，日本郵船，商船三井，日本ロジテム
卸売	住友商事，双日，豊田通商，三井物産，伊藤忠商事，兼松，丸紅，三菱商事
小売	イオン，ファミリーマート
金融	みずほ，三菱東京 UFJ，三井住友，野村，大和，東京海上，日本興亜，第一生命

出所：東洋経済新報社 2016 より作成。

ベトナムへの進出形態は，一部業種を除くと 100％外資の形が多い。ただし運輸業では 100％外資が認められておらず，また小売業では現地企業とのネットワークが重要なため，合弁の形をとることが多い。なお土地は全国民に帰属する共有財産で，個人・私企業の所有は制限されているため，外国企業としては，土地使用権を賃借する，あるいはベトナム側のパートナーから土地使用権

を出資として拠出してもらう，といった方法を取ることになる。ただし土地使用権の担保評価は，実際には困難とされる。

　課題としては，道路や電力などのインフラが未整備，法制度の運用が不透明，裾野産業が未熟といったことがあげられる。かつては優秀な人材を安く確保できたが，都市部周辺では人を集め難くなってきている。最低賃金も引き上げられ，低労働コストという魅力は徐々に薄れつつある。「ジョブホッピング」が盛んで，せっかく育てた従業員が競合他社に転職するなど，離職率の高さが課題となっている。

第8節　タイ

- タイの経済は安定的で，一人当たり GDP は 5 千ドルを超え，消費が活発化している。ただし政治面では，2006 年のクーデター以降，タクシン元首相の支持勢力と，反対派の対立が解消されない状態にある。
- 産業面では，電気機械のほか，輸送機械産業が集積し，AEC の「**製造統括拠点**」となっている。**裾野産業**が形成され，親日的なこともあり，日系企業の事業展開先として今後とも有望である。
- 他方，国内の人件費高騰を受け，隣国における「**タイ+1**」の分業体制構築も進んでいる。

　タイはインドシナ半島の中枢部に位置し，ラオス，カンボジア，ミャンマーと，南部はマレーシアに隣接している。日本の 1.4 倍の面積に，約 7 千万人が住んでいる。首都バンコクには 5 百万人が在住する。ただし人口増は鈍化し，高齢化が始まっている。

　立憲君主制であり，国王は神聖不可侵の元首，仏教の擁護者である旨憲法で制定されている。王室は国民から深く崇敬され，国民の生活文化に大きな影響を持っている。

　2006 年のクーデター以降，タクシン元首相の支持勢力と，反対派の対立が解

消されない状態にある。同氏の妹であるインラック氏の退任後は，軍人出身のプラユット氏が首相となっている。

　タイ系のほか，中国系，マレー系などの人種が混在する。敬虔な仏教徒が多いが，イスラム教徒もいる。マレーシア国境に近い南部では，イスラム系武装集団によるテロが頻発している。カンボジアとの国境地域においては，世界遺産のプレアビヒア寺院など，国境線を巡る緊張が続く。

　バンコクからの飛行時間は，ビエンチャン，プノンペン，ヤンゴン，ホーチミンシティが1時間余り，シンガポールが2時間半で，成田は6時間強である。

　一人当たりGDPは5千ドルを超え（バンコクは1万ドル超），AEC域内ではシンガポール，マレーシアに次ぎ3番目の水準にある。物価上昇は安定化しており，失業率も低い。リーマンショック後の2009年はマイナス成長，大洪水が発生した2011年は低成長だったが，復興需要や政府の景気対策，大型公共投資（治水管理，輸送インフラ整備）により，経済成長が回復している。

　産業構造をGDPシェアでみると，1980年時点では農林水産業と鉱工業は2割台であったが，工業化が進展し，現状は農林水産業が1割，鉱工業とサービス業が各4割強という構成である。主要産業は，製造業（パソコン・同部品，IC・同部品，家電製品，自動車・同部品），農林水産業，卸小売業などである。ハードディスク駆動装置（HDD）の大生産地で，大洪水の際は在庫が払底し，秋葉原でも混乱がみられたほどである。最近は特に自動車関連を中心に**裾野産業**が集積し，AECの「**製造統括拠点**」としての位置づけとなっている。

　タイの銀行セクターは寡占状態で，大手地場銀行とそれ以外の差が激しい。日本を含む外国銀行も支店・事務所を開設している。不良債権比率は，アジア通貨危機後の2000年代初頭は2割弱だったが，最近は2％台に改善した。

　貿易は経済成長とともに増加傾向にある。品目別にみると，輸入は原油や部材などで，輸出は自動車や電気・電子関連が多い。国別にみると，輸入は中国の伸びが顕著で，輸出はAEC（マレーシアほか）と中国が増加傾向にある。日本との間では，一般機械，電気機器，輸送用機器，鉄鋼，化学製品などを輸入し，食料品，電気機器，一般機械，化学製品，輸送用機器などを輸出する形となっている。

対内直接投資は，認可件数・金額ともに日本が過半数を占め，マレーシア，オランダ，香港，シンガポールなどもタイに投資している。タイに進出している日系企業の正確な統計はないが，バンコク日本人商工会議所の会員は1千5百社で，タイ全体への進出社数は4千社超，在留邦人は約5万人という。業種的には製造業が多かったが，近年は飲食などサービス業の進出が多い。日本食店は多種多様で，駐在員生活も問題ない。

表8-6 タイの主な日系進出企業

繊維	東レ，帝人
化学	資生堂，カネボウ，ポーラ，ユニチャーム，富士フィルム
金属	JFE
食品	味の素，アサヒ，キリン，ミツカン，日清食品，グリコ，明治
製薬	大塚製薬
電気機械	松下，シャープ，ソニー，日立，富士通，東芝，三菱電機，横河，NEC，TDK
輸送用機械	トヨタ，日産，ホンダ，三菱，いすゞ，日野，川崎，デンソー
その他機械	セイコー，リコー，キヤノン，コニカ，テルモ，オムロン，東芝機械，三菱重工，日立建機，イセキ
卸売	三菱商事，三井物産，住友商事，丸紅，伊藤忠商事，双日，豊田通商，兼松
小売	イオン，セブンイレブン，ファミリーマート，良品計画
金融	みずほ，三菱東京UFJ，三井住友
サービス	KDDI，NTTデータ，ソフトバンク，紀伊国屋書店，三省堂，公文，吉野家，モスフード，わらべや，楽天

出所：東洋経済新報社 2016 より作成。

国際協力銀行（2016）によれば，タイは第5位の有望事業展開先で，AEC内ではインドネシア，ベトナムに続いている。有望な理由としては，「現地マーケットの現状規模／今後の成長性」と共に，「第三国輸出拠点」，「組立メーカーへの供給拠点」といった項目も上位にあり，「生産」と「市場」両面での魅力が高い。課題としては，最低賃金の上昇など「労働コストの上昇」が首位となっているが，進出企業の増加に伴う「他社との厳しい競争」，「管理職・技術系人材の確保が困難」といったことも挙げられている。

タイは日系自動車・電気機械産業の寄与もあって裾野産業が集積しており，主要国とFTAを結んでいることから，生産拠点としての魅力が高い。所得も向上しており，市場としての成長も期待されている。政府は税制優遇策を用意し，地域統括会社を誘致している。タイの現地法人から，カンボジア・ラオス・

ミャンマーの事業を管理する形をとれば，外資系企業に法人税減免などの恩典がある。これにより「**タイ+1**」の分業体制構築が進む可能性がある。

タイは東西／南部**経済回廊**の中心である。タイ政府はミャンマーのダウェー地区の港湾・経済特区開発を推進しており，完成の暁にはマラッカ海峡を経由しない物流網が完成することから，期待を集めている。

第9節　カンボジア

- カンボジアでは内戦が続き混乱を極めたが，ようやく経済成長の緒についた。
- 輸出産業は繊維など軽工業程度に留まる。アンコールワットがあり，観光業が伸びている。韓国や中国など，外国からの直接投資も増加している。
- 最近は**タイ+1**の動きにより，電気／輸送機械の労働集約的工程がカンボジアに流入している。

カンボジアは，インドシナ半島南部に位置し，西はタイ，北はラオス，東はベトナムに接している。面積は日本の半分弱である。大戦後フランス領から独立したが，冷戦の影響下，内戦が続いた。クメールルージュは原始共産制を目指したが，旱魃，飢餓，疫病，虐殺により，多くの知識人が犠牲になった。その後ベトナムの侵攻もあったが，国連のもと選挙が実施され，憲法による民主主義が成立した。いまだに内戦時の地雷や不発弾が残っており，援助関係者が撤去に努めているが，犠牲者が絶えない。

人口は1千万人強で，クメール人が多いが，華人や少数民族も存在する。仏教徒が多いが，イスラム教徒もいる。一人当たりGDPは1千ドル余りである。プノンペンには富裕層もいるが，国民の過半が1日2ドル未満で暮らす貧困層である。

主要産業は農林水産業だが，近年は縫製業と観光業が伸びている。韓国や中国など，外国からの直接投資も増加している。ファーストリテイリング傘下のGUは，ジーンズなどを生産している。アンコールワットのあるシェムリアップには，バンコクなどから直行便がある。

輸出産業は軽工業程度で，輸入が嵩みがちなため，貿易赤字，経常赤字を余儀なくされている。日本との間では，輸送機器，一般機械を輸入し，履物，衣類などを輸出している。

最近は**タイ**+1 の動きにより，労働集約的工程がカンボジアに流入している。ミネベアはプノンペンの経済特区に大工場を設け，数千人の従業員を雇い，小型モーターを生産している。タイ，マレーシア，中国から部品を輸入し，カンボジアで組み立て，タイに輸出する形である。同社が移転の先鞭をつけ，他社が追随する形となった。

住友電装もプノンペンの経済特区で，自動車用のワイヤーハーネス（組立配線）を生産している。多くの女性工が電線を切り，端子を付け，束ねてセットし，自動車工場で容易に組み付けられるようにしている。日本電産はタイ国境に近いポイペトで，ハードディスク駆動装置（HDD）の筐体部品をつくっている。矢崎総業はタイ国境に近いコッコンで，ワイヤーハーネスを生産している。

最近は市場としても成長が期待されている。イオンはプノンペンに商業施設を設け，施設内にはダイソーや日本食レストランも出店している。カンボジア日本人商工会の会員は 150 社余り，在留邦人は 2 千人弱（外務省）で，日本食レストランも相応にある。

南部経済回廊上，バンコクとホーチミンをつなぐ位置にあり，今後の発展が見込まれる。ただし輸送インフラは不十分，通関手続きも煩雑で，物流は日数を要す。電力料金の高さも課題である。

第 10 節　ラオス

- ラオスは内陸国で，農林水産業のほか，水力発電が主力産業である。
- **タイ**+1 の流れのなかで，ラオスにも分工場を設ける動きが出ている。

ラオスは AEC 唯一の内陸国で，中国，ベトナム，カンボジア，タイ，ミャンマーに囲まれている。国土面積は本州並みだが，人口は 7 百万人しかいない。

敬虔な仏教徒が多い。

　フランス植民地から大戦後独立したが，内戦や，タイ／中国との紛争が続いた。現在はメコン川が，雲南省やタイ各地との間をつなぐ交通路となっている。首都ビエンチャンからは，タイの対岸，ノーンカーイ県を臨める。

　一人当たり GDP は 2 千ドル余りである。農林水産業のほか，水力発電が主力産業である。

　輸入品目は輸送用機械，石油，機械類，鉄鋼製品などである。輸出品目は銅，木材，コーヒーのほか，電力が多くを占める。貿易相手国は，タイ，中国，ベトナムが主である。

　「**タイ+1**」の流れのなかで，ラオスにも分工場を設ける動きが出ている。サバナケットは，東西経済回廊上のタイ国境に近い町で，経済特区が設けられている。ニコンはタイの洪水で大きな被害を受けたため，ここにデジタル一眼レフカメラの製造工程の一部を移管した。またトヨタ紡織も同地で自動車用シートカバーを生産し，タイに輸出している。さらに旭テックも，自動車用アルミダイカスト部品を同地で生産している。

　ラオスは水力発電が盛んで，タイに電力供給するほど電力が豊富である。内陸国で進出企業が少なく，人件費はまだ低い。政治は安定的，国民性は温和で，親日的である。日本からは，ドレスシャツの山喜，婦人靴の大阪マルニ，安全靴のミドリ安全などが，生産拠点を設けている。タイ語とラオス語は似ているため，タイ人がラオス人を指導でき，ノウハウ移転が容易な面もあるため，「タイ+1」の動きが加速している。

第 11 節　ミャンマー

- ミャンマーの産業は農林水産業や軽工業が主体である。縫製業は「CMP」という委託加工の形が多い。
- 「AEC 最後のフロンティア」と目され，日中韓ほかアジア企業の進出ラッシュを迎えている。

ミャンマーはタイ，ラオス，中国の西，インド，バングラデシュの東に立地する。ミャンマーは AEC と南アジアをつなぐ位置にある。バンコクからフライトが頻繁に出ている。成田は直行便で約 8 時間かかる。

人口は 5 千万人強で，タイに次ぐ規模である。少数民族が多数存在している。宗教は仏教が中心だが，イスラムなど多様な宗教が混在している。民族問題を背景に，2013 年にはヤンゴンで爆破事件が相次いだ。

識字率は高く，英語が通用する。若年人口が多く，当面は安定した労働力が期待できる。このため「AEC 最後のフロンティア」と目されている。ただしヤンゴン周辺では賃金が上昇傾向にある。

英植民地，軍政権の支配を経て，現在はティン・セイン氏を大統領とし，民政移管が進んでいる。政治・経済改革が進み，アウンサン・スー・チー氏も政界に復帰し，国際社会でのプレゼンスは高まりつつある。ただし軍部の影響は強く残っている。新首都はネーピードーで，旧都ヤンゴンから車で 5〜6 時間北上した所にある。外国人の会社設立手続きはヤンゴンだけでは完結せず，ネーピードーまで赴く必要がある。

国家総合開発計画は，2030 年までの長期計画と，5 か年計画が検討されているが，策定までに長期を要しており，産業政策もまだ存在しない。

GDP は高成長を続けているが，統計の信頼性は低い。一人当たり GDP は 1 千ドル余りだが，ヤンゴンでは 2 千ドル程度と言われている。公務員は給与が低いため，タクシーなどの副業を営んでいることが多い。ヤンゴンでは最新のスマートフォンをもち，高級レストランで食事する人も相応に存在する。しかし地方では電気もないところで生活する人も多く，地域間の貧富の格差が問題となっている。

産業の中心地は，ヤンゴンとマンダレー周辺である。縫製業などの軽工業や，商業，サービス業が集まっている。それ以外の地域は，農林水産業が主体である。縫製業は「CMP」（Cutting, Making and Packing）という委託加工の形が多い。事前に承認を得れば原材料の輸入関税が免除となり，原則全量輸出される。ハニーズや伊藤忠商事の子会社が，CMP 方式で衣服を生産している。CMP

は医療用針，デジカメレンズなどでも応用されている。

貿易相手国はタイ・中国が主である。技術の蓄積に乏しく，輸入は機械や石油製品などが多い。輸出では，中国向けは農林水産品などの食料品，ヒスイ等の宝石類が多い。タイ向け輸出は大半が天然ガスで，ミャンマーと中国を結ぶガスパイプラインが開通したことから，今後ガスの輸出が増加する見込みである。日本からの輸入はトラック，建設機械などが多く，日本への輸出は縫製品や皮革製品が多い。なお貿易統計について，海路経由のものは概ね正確だが，陸路経由では密輸が多く誤差が大きいとされる。

対内直接投資は，中国，ベトナム，シンガポールが多いが，日本や韓国も増加している。累計ではタイが最大である。業種では製造業が最多だが，石油・ガス，鉱業など資源型企業の投資も多い。

日本からの進出は，製造業では縫製関連の進出が多かったが，最近はスズキの再進出や，日産の自動車組立開始など，産業のレベルが徐々に高度化している。医療用針のマニーも，ベトナム・ラオスに次いで生産拠点を設けている。ソフトウェアのオフショア開発を行う IT 企業もある。現地では日本語の学習意欲が高く，日本語でやりとりしている日系企業がある。ミャンマー日本商工会議所の加盟企業社数は，2016 年末で 330 社に達している。ただし駐在員事務所や，コンサルタント関連の進出が多く，現地法人により工場を運営する会社はまだ少数である。

国際協力銀行（2016）によれば，中期的な有望事業展開先国として，ミャンマーは第 9 位で，順位が上がってきている。その理由は，安価な労働力，現地市場の現状規模／今後の成長性などである。「生産拠点」と「市場」の両面から魅力を感じている企業が多い。一方課題としては，インフラが未整備，法制度が未整備で運用が不透明，といった点が挙げられている。

今後政治改革が進めば，経済発展で所得が向上し，人口も 6 千万人いることから，市場としての魅力が高まる。また同国初の「ティラワ経済特区」や，将来「ダウェー経済特区」の整備が進めば，生産拠点としての魅力も高まる。総じて親日的で，日本企業の関心が高まっている。ただしヤンゴンで自前の事務所を設けるのは，もはや実質的に困難で，日本人向けのオフィス賃貸ビジネス

が隆盛している。駐在員の住居は絶対数が不足し，ホテルも高騰している。このためタイの現地法人からの出張で済ませている企業もある。日本人が急増したため，双日は現地企業とフードコートを運営している。

ミャンマーには現在 50 余りの工業団地があるが，国際標準に達している工業団地は，元々三井物産の開発した「ミンガラドン工業団地」程度（すべて入居済み）である。他の工業団地は排水設備が整っていないなど，課題が多い。この中にあって「ティラワ経済特区」は，日系商社 3 社，ミャンマー現地企業，日緬両政府の協力のもと，急速に整備されている。ヤンゴンから約 20km のところに，総開発面積約 2400ha と広大な平地を用意している。日系企業の関心は高いが，ヤンゴン港は河川港で水深が浅く，大型船舶が入港できないため，軽工業が中心となるのではないかといわれている。

タイ政府がミャンマーにおいて注力しているのは，「ダウェー総合開発計画」である。ダウェーは，バンコクの西約 300km にあるミャンマーの漁村である。ここに深海港と工業団地，都市を作る計画である。開発には長期を要するが，完成すればマラッカ海峡を通らずに，AEC 最大の産業集積地バンコクと南アジアがミャンマーを介してつながることになる。

中国はチャウピューからマンダレーを経て，昆明まで天然ガスパイプラインを完成させた。さらにチャウピュー周辺で，経済特区を建設する計画を発表している。一方インドは国境に近いシットウェで，深海港の開発を計画している。このように周辺国は，ミャンマーに多大な関心を抱いている。

なおミャンマーでは外国人の不動産取得は制限されている。賃貸期間は原則 1 年だが，外国投資法に基づく外国企業の場合は，最大 50 年賃借でき，かつ 10 年の延長が 2 回まで認められている。住宅を賃借する場合は，通常 1 年契約を締結し，家賃を現金で前払いする。ただし最近は，半年間の契約や，月次払など，選択肢が広がりつつある。

海外送金は，従前は国有銀行 2 行のみで可能であったが，米国の経済制裁緩和に伴い，一部の民間銀行でも可能となった。これらの金融機関では，日本からの米ドル送金受取，ミャンマーから日本への米ドル送金が可能である。ただし経済制裁は依然続いており，特定企業や個人への送金規制は残っている。

ミャンマーの労働コストは，周辺諸国に比べるとまだ安い。しかし近年は多くの企業が求人を行っている。工場はヤンゴン周辺に集中し人材が限られていることから，人件費は急速に上昇している。特に英語が話せ，相応の能力を有する中間管理職クラスの人材が不足し，賃金が高騰している。シンガポールなど海外で勤務経験を持つ者もおり，相応の待遇が求められる。国民性は穏やかだが，ストライキは散見される。

　インフラの未整備も深刻である。特に電力は不足し，乾季は停電が頻発する。自家発電設備を備える企業も多いが，燃料代が嵩みがちである。このため周辺国，特に中国とタイはミャンマーのインフラ改善資金を提供しており，最近はインドも道路整備の資金を拠出している。さまざまなインフラ整備プロジェクトが立ち上がりつつあり，その動向を注視していく必要がある。

第12節　インド

- インドは人口大国で，貧富の差が大きいが，若年労働力が豊富に存在する。
- 縫製業，石油化学，自動車などの製造業も発達しているが，むしろ商業，運輸通信，IT産業など，非製造業に強みがある。バンガロールやハイデラバードでは，ソフトウェアの受託開発が盛んである。
- 物流インフラは課題が多く，日本政府が整備を支援している。

　インドは南アジアの中心に位置し，北東は中国，ネパール，ブータン，バングラデシュ，ミャンマー，北西はパキスタンと接し，南東にはスリランカがある。国境を巡り係争が続いている。首都デリーからダッカは2時間半，バンコクは4時間半，シンガポールは6時間弱かかる。国土は日本の約9倍あり，デリーからムンバイ，チェンナイ，コルカタへの移動もそれぞれ2時間前後かかる。

　インドの人口は約13億人で，国連は2030年頃に中国を超えると予想している。労働力人口は約5億人である。今後人口は2065年前後に16億人で，また

労働力人口は2050年前後に10億人で，それぞれピークを迎える見込みである。若年割合が高く，労働力は当面豊富に供給されることになる(**人口ボーナス**期)。今後は，雇用吸収力のある製造業の育成が必要となっている。

　大戦後に英植民地から独立したが，パキスタンとの戦争，ガンジー首相の暗殺など，政治は混乱を続けた。カースト制も残存している。近年は高成長を背景に中産階級が増加しているが，低所得層は経済成長の恩恵を享受しているとは言い難く，貧困層の割合が高い。GDPは世界7位の規模だが，同2位の人口を有すため，一人当たりでは1千ドル台に留まっている。

　主要産品は綿花，ジュート，茶，木材，鉄鉱石などである。産業構造としては，工業主導の東/東南アジア諸国と異なり，商業，運輸通信，IT産業など，非製造業が主体である。デカン高原上の都市(バンガロール，ハイデラバード)では，ソフトウェアの受託開発が発展し，欧米との時差を活かし24時間体制で作業が行われている。そこでは涼しいオフィスでIT技術者が高給を稼いでいる。一方就業人口の6割は農林水産業に従事しており，貧富の格差が拡大している。

　縫製業は全国に集積地があり，日系企業も多数進出しており，欧米向けに廉価な製品が供給されている。近年はパイプラインが整備され，石油精製基地としての位置づけが強まり，AECほかへの石油化学製品の輸出が増えている。輸送機械は重要部品を輸入して組み立て，中東やアフリカへ輸出する構造となっている。このため，デリー以外の自動車産業集積地は，主要港湾(ムンバイ，チェンナイ，コルカタ)周辺の立地となっている。

　輸入品目は，石油・同製品が一貫して最多である。国内でも原油は産出されるが，需要増で輸入が増加している。一般機械，電気機械，輸送機械などの資本財も増加している。輸出品目は，繊維，宝飾品など軽工業主体だが，農産品，鉱産物，石油化学製品などもあり，多様である。輸出の特徴は金・ダイヤモンドや，ジェネリックの医薬品などにある。

　物流インフラは主要港湾がハイウェイで結ばれているが，港湾での荷捌きや内陸輸送は課題が多い。鉄道も老朽化しており，ムンバイ～デリー間で円借款による貨物鉄道建設が検討されている(「**産業大動脈**」構想)。その沿線には，

工業団地，物流基地，商業施設，住居などを整備する計画である。

これまで日本企業の対印投資は，中国，AECと比べると小規模に留まってきた。しかしBRICsブームのなか関心が高まり，外資規制緩和，「中国リスクの分散」といった要因もあり，日本企業の対印投資が増加している。自動車産業の大型投資が目立つほか，素材，インフラ関連，金融の進出も増えている。他方，インドでの事業遂行は一筋縄ではいかない面もあり，第一三共やNTTドコモは撤退を余儀なくされた。一方スズキでは暴動が起き，死傷者が出た。

東洋経済新報社（2016）によれば，日系の進出企業は6百社強，現地法人は7百社強存在する。在インド日本国大使館によれば，日本企業の支店，日本企業の資本参加している企業，日本人がインドで興した企業も含めると，約1千社（拠点数は2千弱）にのぼる。

国際協力銀行（2016）によれば，中期的に有望な事業展開先として，インドは第1位となっている。その理由としては「現地マーケットの今後の成長性」が最多で，現地市場の拡大が期待されている。ただしインフラは未整備，法制度の運用は不透明で，具体的な事業計画を有する企業の割合は，回答企業の4割に留まっている。

インドの魅力は，豊富な労働力と巨大な消費市場にある。人口ピラミッドは三角型をなし，25歳以下が全人口の半分を占め，英語力があり技術系人材も豊富である。中間層が増えており，いずれ世界一の人口大国となることは確実で，巨大な消費市場を形成することになる。

インフラは未整備だが，政府はボトルネック解消のため，GDPの7〜8％相当をインフラ整備に充当している。これまでインドは，自動車，情報通信といった基幹産業を中心に成長してきたが，今後はその他産業の成長も見込まれる。第12次5か年計画では，多様な産業の育成を唱えており，電気機械，金融，医療，環境関連などで，日系企業の進出機運が高まると予想される。さらに広告，物流，飲食宿泊，貸事務所など，業務サービスの進出も活発化している。

ただし近年は，高成長や投機的な不動産取引を背景に，地価や賃金が上昇している。事務所賃料では，とりわけムンバイが高騰している。また土地については，正式な手続で収用し工業用地となった後で，所有者だった農民が値上が

り益を要求してくるようなケースもある。

　州政府の独立性が強く，統治機構は複雑である。州毎に異なる規制や税制があり，物流・通信インフラが未整備なこともあって，国内統一市場が形成されているとは言い難い面もある。

　日本人にとっては，生活面もハードである。在留邦人数は，デリーを中心に増えているが，インド全土でも6千人弱にとどまる。まだ日本食店や日本食材店など，日本人向けビジネスが成立する規模ではなく，電力・水などの生活インフラも不備で，日常生活は困難を伴う。

第13節　バングラデシュ

- バングラデシュの人口は約1.6億人で，労働力が豊富である。
- 縫製業など労働集約的な製造業が中心で，従来韓国企業の進出が多かったが，日本企業も続々進出し始めている。

　バングラデシュはガンジス河口部に広がる国である。北と東西はインドに囲まれ，南東はミャンマーと接している。日本からの直行便はなく，香港やバンコクなどを経由する必要がある。

　面積は日本の約4割だが，人口は1.6億人おり，人口密度は世界有数である。首都ダッカには1千万人以上が住んでいる。デルタ地帯は肥沃で，米の大産地だが，洪水など自然災害も多い。一人当たりGDPは1千ドル余りで，最貧国に属している。

　バングラデシュは英植民地からインド領東ベンガル，パキスタン領東パキスタンを経て，1971年に独立を果たした。国名は「ベンガル人の国」を意味する。国教はイスラム教である。2016年にダッカの飲食店でテロが起き，国際協力などに従事していた邦人7名が犠牲となった。

　労働力が豊富なため，縫製業など労働集約的な製造業の進出が多い。国連は2045年頃，人口が2億人前後に増加すると予測している。これらを背景に，

ゴールドマンサックスの選んだ，BRICs に続く新・新興国「ネクスト 11」の一つにも選ばれている。前述の CLMV のうちベトナムが発展したため，当国を含めた「CLMB」（カンボジア，ラオス，ミャンマー，バングラデシュ）という呼称も生まれている。しかし失業率は 4 割と高く，賃金はアジア最低水準にある。貧困で学童の中退が多く，識字率は 5 割程度に留まっている。

　縫製業は英国，次いで韓国などの直接投資を受けて発展してきた。今では染色，裁断，プリント，縫製まで，フルに加工できる体制が整っている。縫製品の輸出は，中国に次ぐ世界第 2 位である。

　バングラデシュ投資庁によれば，対内直接投資は韓国が最多である。従来日本からの直接投資は多くなかった。東洋経済新報社（2016）によれば，日系の進出企業は約 20 社と僅かである。しかし最近は中国の人件費が高騰し，政治リスクも高まったため，「チャイナ+1」の受け皿として，繊維メーカーが進出してきている。一例として丸久は，現地で原材料調達から製品まで一貫生産を行い，イトーヨーカ堂やしまむらなどに納入している。

　ただし原材料や資機材などの輸入が多く，貿易赤字が続いている。輸入品目は石油製品，繊維，鉄鋼，機械類などである。輸入先は中国，インドが主である。輸出品目は衣料品，水産品，ジュート製品，皮製品などである。輸出先は欧米が主である。

　国内の雇用機会は限られ，海外への出稼ぎ労働者が多い。海外送金が国民の家計を補う形である。貧困削減のため，グラミン銀行は**マイクロファイナンス**に取り組んでいる。ジュートバッグのマザーハウスをはじめ，ファーストリテイリングや雪国まいたけも，**ソーシャルビジネス**を通じ，現地の雇用機会創出に貢献している。

第 14 節　ネパール

- ネパールの産業構造は，農林業が中心である。ヒマラヤ観光の拠点となっている。

ネパールはヒマラヤの山岳地帯にあり，東西南はインド，北は中国によって囲まれた内陸国である。国土面積は北海道の倍，人口は3千万人弱で，ヒンズー教徒が多い。2015年の大地震で煉瓦積みの建物が多数倒壊し，深刻な影響を被った。

　ネパール統一共産党毛沢東主義派（マオイスト）が武力闘争を行い，政情不安が続いたが，和平が成立し制憲議会が置かれた。王制が廃止され，連邦民主共和制に移行する予定である。新憲法制定作業は難航したが，ようやく公布された。

　産業構造は農林業が中心で，貿易業や交通・通信業などもある。カトマンズはヒマラヤ観光の拠点となっている。一人当たりGDPは約7百ドルで，「内陸開発途上国」（Landlocked Developing Countries）として位置づけられる。海外に出稼ぎに行く人は多い。

　貿易構造は，機械や石油を輸入し，豆や香辛料などの食品，カーペット，衣服などを輸出する形となっている。貿易相手国はインドが中心だが，中国からの輸入も増えている。

　日本企業の進出は少ない。富山の丸新志鷹建設は，カトマンズに支店を設け，ネパールやブータンの建設プロジェクトを受注している。急峻で悪条件の工事でも，ネパール人はよく働くという。大阪の官報販売所，かんぽうは，みつまたの開発により，現地の村おこしを支援している。

第15節　ブータン

・ブータンはGNH（国民総幸福量）を重視する仏教国で，日本との関係はよい。

　ブータンもヒマラヤの山岳地帯にあり，南はインド，北は中国によって囲まれた内陸国である。中国とは国境を巡る係争がある。

　自然の美しい仏教国である。立憲君主制で，国王は国民の尊敬を集めている。主要産業は米・麦などの農業，林業，水力発電などである。故西岡京治氏は，

現地で農業指導に生涯を投じ、「ブータン農業の父」として敬われている。一人当たり GDP は 3 千ドル弱だが、自然環境や伝統文化を重視し、GNH（Gross National Hapiness：国民総幸福量）という独自の概念を提唱している。

貿易相手国はインドが中心で、機械類や石油などを輸入し、金属資源などを輸出する構造となっている。消費財を輸入に頼っているため、貿易赤字が続いている。

自然文化保護の観点から、外国人観光客の入国は制限されており、旅行代金として 200 ドル／日を前払いし、ガイドが同行する必要がある。産業が限られるなか、観光収入の強化が今後の課題である。

第 16 節　スリランカ

- スリランカは海上物流の要衝に位置し、インド進出への拠点ともなり得る立地にある。労働者は勤勉で、所得は南アジア有数の水準にある。
- 産業構造は卸小売、運輸通信など、第三次産業が主体だが、衣類、電子部品、装飾品なども製造されている。

セイロン島はインドの南東に位置する。スリランカとは「光輝く島」といった意味である。首都はスリジャヤワルダナプラコッテ、経済の中心はコロンボである。

ポルトガル、オランダの後イギリスが植民地化し、大戦後に独立した。宗教は仏教とイスラム教などが混在し、紛争の背景となっている。長くシンハラ族とタミル族の内戦が続いたが、2009 年にようやく終結した。その後は復興需要もあり、経済成長が続いている。

国土面積は栃木県並み、人口は約 2 千万人である。「連結語」としての英語が広く通用する。一人当たり GDP は 4 千ドル弱で、南アジア有数の水準にある。

外交面では、微妙な関係にあるインドとの関係維持に努めている。**南アジア地域協力連合（SAARC）**の加盟国で、積極的に関与している。日本は従前最大の援助国であった。しかし最近は中国が「真珠の首飾り」作戦のもと、インド

周辺国と関係を強化しており，スリランカでもそのプレゼンスが高まっている。南部のハンバントータ港では，中国の援助で大規模な整備が行われており，同国の物流網に組み込まれることになる。

　プランテーション経済下にあったため，紅茶，ゴム，ココナッツ，シナモンなどが特産物である。英国向けに，スーツなどの縫製業も盛んである。コロンボはアジアと中東・欧州を結ぶ海運ルート上のコンテナ中継港として，重要な役割を果たしている。内戦終結後，コロンボではホテル建設が進んでいる。世界遺産が多く，ゴールなどの街並みはコロニアル風で，治安も改善したため，観光業が伸びている。産業構造は卸小売，運輸通信など，第三次産業が主体となっている（スリランカ中央銀行）。

　輸入は繊維などの中間財，資本財が，また輸出は衣類，農業製品などが多い。貿易相手国は，輸入が印中，輸出が米英などである（スリランカ中央銀行）。日本との間では，自動車や機械類，繊維などを輸入し，衣類，紅茶，魚介類，ゴム製品などを輸出する貿易構造となっている。

　対内直接投資は，繊維衣料，食品飲料関連が多かったが，最近は通信，宿泊飲食も増えている（スリランカ投資庁）。シャングリラ，ハイアットリージェンシー，シェラトンなどがホテルを建設している。

　政府の投資戦略では，製造業よりも，通信運輸，IT／BPO，コンサルティング，観光といった非製造業が前面に出ている。島国で裾野産業が脆弱である。ただし労働者は一般に真面目で勤勉，視力がよく，手先が器用なため，細かい作業は得意で，日本からは陶磁器のノリタケや，アクセサリーの中川装身具，化粧筆のウスイ，電子部品メーカーなどが進出している。日系の進出企業は，東洋経済新報社（2016）によれば20社程度である。在留邦人は1千人ほどである（外務省）。仏教徒が多く，概して親日的である。

　インド市場の攻略は難しく，日本企業は苦労している。かつて中国市場の開拓には，台湾の支援が有効だった。スリランカはインドにもネットワークを有するため，「ゲートウェイ」としての支援を得つつ，インドでのビジネスを推進することも考えられよう。

第17節　モルジブ

- モルジブの主力産業は漁業と観光である。海上輸送上，重要な位置にあり，日本は最大の援助国となっている。

　モルジブはスリランカの南西に位置する島嶼国である。飛行機から眺めると，無数の小島を水色の環礁が囲んでおり，宝石のように美しい。

　1965年に英国から独立した，英連邦に属す国である。首都はマレである。人口は約40万人で，イスラム教徒が多い。一人当たりGDPは8千ドル台と，南アジア随一の水準にある。

　主要産業は漁業と観光業である。資機材，石油製品などを輸入し，水産加工物などを輸出している。輸入はUAEやインド，輸出はタイやスリランカが多い。海が美しく，日本からダイビングにいく人もいる。

　ただし温暖化による海面上昇や珊瑚礁の死滅により，国土が徐々に消失していくおそれがある。2004年のインド洋津波は大きな打撃を与えたが，マレ島では日本の援助で建設した防波堤が，島を大被害から防いだことがある。モルジブは日本の海上輸送上，重要な位置にあり，日本は最大の援助国となっている。

第18節　パキスタン

- パキスタンは政情不安な面もあるが，人口は2億人弱と多く，綿工業などが盛んである。親日的で，日本の自動車が人気である。今後は拡大するイスラム市場に向け，**ハラルビジネス**などの前線基地として活用できる可能性もある。

　パキスタンはインドの西，イランとアフガニスタンの東に位置し，一部は中国とも接している。カシミールの領有権は係争中である。

　英植民地から大戦後に独立したが，クーデターや暗殺が相次ぎ，政治は不安

定な状態が続いた。アフガニスタン紛争の影響も残っている。宗教はイスラム教が主体である。近年はテロが頻発している。

　パキスタンは東西冷戦時代から，米英など西側諸国と友好関係を維持している（ただし嫌米感情はある）。インドに対抗するため，中国との関係も構築している（親中）。他方，イスラム諸国とも連帯している。西側諸国にとって，パキスタンはイスラム過激派との境界線に位置し，地政学的に重要である。

　日本の約2倍の面積に，2億人弱が住んでおり，その7割が30歳以下と若い。人口は世界第6位で今後も増加し，いずれブラジルやインドネシアに並ぶと国連は予想している。英語は広く通用する。首都はイスラマバードだが，人口1千万人超のカラチが最大の都市である。北部山岳地帯の村フンザは，映画「風の谷のナウシカ」のモデルとされる。

　2008年には経済不況や国際収支の悪化で，IMFの支援を受け，未達ながらも構造改革に取り組んだ。最近は経済成長が続き，一人当たりGDPは1千ドル余りである。ゴールドマンサックスの選んだ新・新興国「ネクスト11」の一つに選ばれている。共働き世帯が多く，副業を持つ人もいる。海外に出稼ぎにいく人が多く，海外送金が国民の家計を支えている。

　植民地時代，インダス川流域に灌漑施設が整備され，パンジャーブ地方は小麦や綿花の大産地となった。産業はいまだに農業や綿工業が中心である。

　輸出は繊維製品や，米など農産品が多い。輸入は原油，石油製品，化学品，食料品などが多い。貿易相手国は，輸入が中東諸国や中国，輸出は米英，中国などである（パキスタン中央銀行）。

　日本との間では，自動車・部品，一般機械，鉄鋼を輸入し，繊維製品などを輸出する構造である（財務省「貿易統計」）。日本製品は信頼されており，特に四輪車・二輪車は人気である。（偽物を含む）日本語のステッカーを自動車に貼る人までいる。

　親日的だが，日本からの直接投資は毎年数十億円程度に留まる。日系企業は70社余り，在留邦人は1千人弱である（外務省）。

　電力，水道などのインフラは未熟である。しかし立地は中東・アフリカに近く，今後はハラルビジネスなどの前線基地として活用できる可能性もある。既

に味の素などがパキスタンに進出している。

さらに学びたい人のために

参考文献リストのうち，浅川（2003）は戦略・組織論の叙述が詳細で，次のステップとして好適と思われる。

インターネットでは，ジェトロのウェブサイトは各国の投資環境の情報が豊富で，利用価値が大きい。ジェトロでカバーされていない新興国のデータ入手には，世界銀行のデータベース World Development Indicators が便利である。

以下では，直接引用していないものも記載しているので，必要に応じ参照されたい。

【参考文献】

Bartlett, C. and S. Ghoshal (1989) *Managing across Borders*, Harvard Business School Press（1998 年に改訂）
Chandler, A. (1962) *Strategy and Structure*（有賀裕子訳『組織は戦略に従う』ダイヤモンド社）
Friedman, T. (1999) *The Lexus and the Olive Tree*, Farrar, Straus & Giroux
Friedman, T. (2005) *The World is Flat*, Thorndike Press
Gadiesh, O. (2005) "Think Globally, Market Locally" *Financier Worldwide* August 2005
Gadiesh, O., Leung, P. and T. Vestring (2007) "The Battle for China's Good-Enough Market" *Harvard Business Review* 85(9), pp. 80-89
Gassmann, O. and M. Zedtwitz (1999) "New Concepts and Trends in International R&D Organization" *Research Policy* 28
Gereffi, G. (2005) "The Global Economy: Organization, Governance, and Development" *Handbook of Economic Sociology*, Princeton University Press, pp. 160-182
Gereffi, G., J. Humphrey and T. Sturgeon (2005) "The Governance of Global Value Chains" *Review of International Political Economy* 12(1)
Ghemawat, P. (2007) *Redefining Global Strategy*, Harvard Business School Press
Ghemawat, P. (2011) *World 3.0*, Harvard Business School Press
Hall, E. (1976) *Beyond Culture*（岩田慶治他訳『文化を超えて』TBS ブリタニカ）
Hofstede, G. (1991) *Cultures and Organizations*（岩井八郎・紀子訳『多文化世界』有斐閣）
Hofstede, G., Hofstede, G. J. and M. Minkov (2010) *Cultures and Organizations*, 3rd ed.（岩井八郎・紀子訳『多文化世界』有斐閣）
House, R., Hanges, P., Javidan, M., Dorfman, P. and V. Gupta (2004) *Culture, Leadership and Organizations*, Sage Publications
House, R., Chhokar, J. and F. Brodbeck (2007) *Culture and Leadership, Across the World*, Sage Publications
House, R., Dorfman, P., Javidan, M., Hanges, P. and M. Sully de Luque (2014) *Strategic Leadership and Organizational Behavior Effectiveness*, Sage Publications
Jarillo, J. and J. Martinez (1990) "Different roles for subsidiaries" *Strategic Management*

Journal 11(7)

Keegan, W. and M. Green (2008) *Global Marketing*, Prentice Hall

Kim, C. and R. Mauborgne (2005) *Blue Ocean Strategy*(有賀裕子訳『ブルーオーシャン戦略』ダイヤモンド社)

Klein, N. (2002), "Between Mcworld and Jihad," *Development* 45(2), pp. 6-10.

Kotabe, M. and K. Helsen (2008) *Global Marketing Management*(栗木契監訳『国際マーケティング』碩学叢書)

Kotler, P. (1999) *Kotler on Marketing*(木村達也訳『コトラーの戦略的マーケティング』ダイヤモンド社)

Lasserre, P. and H. Schutte (1999) *Strategies for Asia Pacific*, Macmillan Business

Lewis, R. (1996) *When Cultures Collide*(阿部珠理訳『文化が衝突するとき』南雲堂)

Looy, B. V., Gemmel, P. and R. V. Dierdonck (2003) *Services Management*(平林祥訳『サービスマネジメント』ピアソンエデュケーション)

Maddison, A. (2015) *Contours of the World Economy, 1-2030 AD*(政治経済研究所監訳『世界経済史概観』岩波書店)

Magretta, J. (2011) *Understanding Michael Porter*(櫻井祐子訳『マイケル・ポーターの競争戦略』早川書房)

Meyer, E. (2014) *The Culture Map*(田岡恵監訳『異文化理解力』英治出版)

Mooij, M. D. (2010) *Global Marketing and Advertising*, 3rd edition, Sage Publications (初版:1998)

Nisbett, R. (2004) *The Geography of Thought*, Free Press

Nisbett, R. and T. Masuda (2003) "Culture and Point of View" *Proceedings of the National Academy of Sciences* 100(19)

Perlmutter, H. (1969) "The Tortuous Evolution of the Multinational Corporation" *Columbia World Journal of Business* 4(1)

Porter, M. (1985) *Competitive Advantage*(土岐坤他訳『競争優位の戦略』ダイヤモンド社)

Porter, M. (1986) *Competition in Global Industries*(土岐坤他訳『グローバル企業の競争戦略』ダイヤモンド社)

Porter, M. (1990) *The Competitive Advantage of Nations*(土岐坤他訳『国の競争優位』ダイヤモンド社)

Porter, M. (1998) *On Competition*(竹内弘高訳『競争戦略論』ダイヤモンド社)

Praharad, C. and Y. Doz (1987) *The Multinational Mission*, Free Press

Ritzer, G. (1993) *The McDonaldization of Society*(正岡寛司監訳『マクドナルド化する社会』早稲田大学出版部)

Rogers, J. (2007) *A Bull in China*, Random House

Stopford, J. and L. Wells (1972) *Managing the Multinational Enterprise*(山崎清訳『多国籍企業の組織と所有政策』ダイヤモンド社)

Trompenaars, A. and C. Hampden-Turner (1993) *The Seven Cultures of Capitalism*, Doubleday Business

Trompenaars F. and C. Hampden-Turner (1998) *Riding the Waves of Culture*, 1st/2nd ed., Nicholas Brealey Publishing

参考文献　159

Trompenarrs, A. and C. Hampden-Turner (2004) *Managing People across Cultures*, Capstone Publishing
Usunier, J. C. and J. A. Lee (2009), *Marketing across Cultures*, Pearson Education（小川孔輔・本間大一監訳『異文化適応のマーケティング』ピアソン桐原）
Vargo, S. L. and R. E. Lusch (2004) "Evolving to a New Dominant Logic for Marketing," *Journal of Marketing* 68
World Bank (2016), *Doing Business*, World Bank
相原修・嶋正・三浦俊彦（2009）『グローバルマーケティング入門』日本経済新聞出版社
浅川和宏（2003）『グローバル経営入門』日本経済新聞社
安積敏政（2014）『中堅中小企業のアジア進出戦略』日刊工業新聞社
アンヴィコミュニケーションズ（2005）「インターネットで変わる段階別広告手法」宣伝会議 836
飯田健雄（2010）『これならわかる国際経営入門』中央経済社
石川幸一・清水一史・助川成也編著（2013）『ASEAN 経済共同体と日本』文眞堂
石田英夫（1989）『企業と人材』日本放送協会出版協会
石田英夫他（2002）『MBA 人材マネジメント』中央経済社
井上崇通・村松潤一（2010）『サービスドミナントロジック』同文舘出版
岩谷昌樹（2005）『ケースで学ぶ国際経営』中央経済社
上田和勇・小林守・田畠真弓・池部亮『わかりあえる経営力＝異文化マネジメントを学ぶ』同文舘出版
大前研一（2006）『新経済原論』東洋経済新報社
笠原民子（2014）『日本企業のグローバル人的資源管理』白桃書房
梶浦雅己（2014）『はじめて学ぶ人のためのグローバルビジネス』文眞堂
グローバル企業調査会（2013）『世界業界マップ』ダイヤモンド社
経済産業省（2009）「日メコン経済産業協力イニシアティブ」経済産業省
経済産業省（2012）『通商白書』経済産業省
経済産業省（2014）「海外事業活動基本調査」経済産業省
国際協力銀行（2016）「わが国製造業企業の海外事業展開に関する調査報告」国際協力銀行
五味紀男・安田賢憲編著（2008）『国際経営論の基礎』文眞堂
斉藤孝浩（2014）『ユニクロ対 ZARA』日本経済新聞出版社
財務総合政策研究所（2013）『日本の国際競争力』中央経済社
榊原清則（2013）『経営学入門』日本経済新聞社
鈴木洋太郎編（2015）『日本企業のアジアバリューチェーン戦略』新評論
瀬藤澄彦（2014）『多国籍企業のグローバル価値連鎖』中央経済社
高橋浩夫（2011）『現代の国際経営戦略』中央経済社
竹田志郎編著（2011）『新国際経営』文眞堂
東洋経済新報社（2015）『外資系企業総覧』東洋経済新報社
東洋経済新報社（2016）『海外進出企業総覧』東洋経済新報社
徳永善昭（2011）「グローバルローカライゼーション経営」亜細亜大学経営論集 47(1)
中村久人（2010）『グローバル経営の理論と実態』同文舘出版
日本経済新聞社（2006）「最新 VIP 工場」日経ものづくり 2006 年 8 月号

参考文献

日本貿易振興機構（2012）「フィリピンの電子産業市場調査報告書」日本貿易振興機構
博報堂（2014，2016）「Global Habit」博報堂
林志行（2009）『マザー工場戦略』日本能率協会マネジメントセンター
林廣茂（2012）『AJINOMOTO グローバル競争戦略』同文舘出版
林吉郎（1994）『異文化インターフェイス経営』日本経済新聞社
プライスウォーターハウスクーパース（2013）『グローバル経営のエグゼクティブマネジメント』
　　中央経済社
松下幸之助（2007）『道は無限にある』PHP 研究所
松下政経塾（2010）『松下幸之助が考えた国のかたち』PHP 研究所
丸谷雄一郎（2012）『グローバルマーケティング』創成社
諸上茂登（2002）「国際マーケティング」吉原英樹編著『国際経営論への招待』有斐閣ブックス
諸上茂登・藤沢武史（2005）『グローバルマーケティング』中央経済社
安田賢憲（2002）「多国籍企業のロジスティクス戦略」佐久間信夫編著『現代の多国籍企業論』
　　学文社
吉原英樹編（2002）『国際経営への招待』有斐閣ブックス
吉原英樹・諸上茂登・板垣博編（2003）『ケースブック国際経営』有斐閣ブックス
吉原英樹（2011）『国際経営』有斐閣アルマ
米澤聡士（2011）『ワークブック国際ビジネス』文眞堂

索　引

【数字・アルファベット】

5つの力　23
AAA　63
AEC　4
ASEAN　3
BPO　134
CAGE　63
CLMB　150
CLMV　59
EMS　98
EPRGプロファイル　33
GNH　152
I-Rグリッド　19
M&A　16
M型組織　39
O型組織　39
RCEP　3
SAARC　4
SPA　56
SWF　125
TPP　2

【ア行】

アウトソーシング　54
イスラム市場　86
移転　66
イノベーション　66
異文化経営　67
異文化コミュニケーション　39
印僑　5
インターナショナル　21
インバウンド　89
オープンイノベーション　44
オフショアリング　115
親子ローン　43

【カ行】

外部化　65
華僑　4
華人ネットワーク　11
雁行型発展　83
キャッシュマネジメント　44
業務サービス　111
金融統括会社　114
グローカル　18
クロスボーダーローン　43
グローバリゼーション　2
グローバル　21
　──化　2
　──コストリーダーシップ　26
　──細分化　26
　──差別化　26
　──戦略　17
　──統合　19
　──バリューチェーン　54
経済回廊　4

現地化　2, 66
現地適応　63
コールドチェーン　99
国際化　1
コストリーダーシップ　25
コンテクスト　7

【サ行】

サービス活動　97
サービス経済化　111
再結合　66
サプライチェーン　52
　　――マネジメント　52
差別化　25
産業空洞化　113
産業クラスター　27
産業集積　27
産業大動脈　147
事業部制　31
絞り込み　65
集中　25
人口ボーナス　147
人的資源管理　34
裾野産業　137
生活関連サービス　111
政府系ファンド　88
製造小売　56
製造統括拠点　137
セグメント　46
設計　65
セミグローバル　63
戦略的提携　16
組織文化　5
ソーシャルビジネス　150

【タ行】

対外直接投資　1
対内直接投資　90
タイ＋1　56
ダイヤモンドフレームワーク　27
ターゲット　46
多国籍化　1
地域統括会社　59
チャイナ＋1　85
直接投資　15
適応　63
トランスナショナル　22

【ナ行】

内需型　84
ネッティング　43

【ハ行】

ハラルフード　127
バリューチェーン　23
バリュードライバー　92
ファウンドリー　98
ファブレス　98
付加価値貿易　90
物流ネットワーク　107
フラグメンテーション　54
ブルーオーシャン　29
ブルフィップ効果　55
フロントバック組織　33
変革　66
ポジション　46

【マ行】

マイクロファイナンス　150
マーケティングミックス　46

マザー工場　115
マザードーター組織　31
マトリクス組織　31
マルチドメスティック戦略　17
マルチナショナル　21
マルチフォーカル　19
ミルクラン　99
メタナショナル　22
ものづくり　114

【ラ行】

リショアリング　115
連結性　101
ローカル適応　19
ロジスティクス　52

著者紹介

小森　正彦（こもり　まさひこ）

亜細亜大学経営学部准教授。
経済学士（一橋大学），経営学修士（カリフォルニア大学ロサンゼルス校），博士（日本大学大学院）。日本政策投資銀行を経て，現職。
主著は『アジアの都市間競争』（日本評論社），『アジアマネーが開く扉』（NNA），『国富ファンドウォーズ』（同台湾版『主権基金戦争』）および『中国食品動乱』（東洋経済新報社），*Entrepreneurship in Emerging Economies*（共著，米州開発銀行）。

新版 アジアからのグローバル経営論

2018年3月20日　第1版第1刷発行	検印省略
2023年3月31日　第1版第3刷発行	

著　者　小　森　正　彦
発行者　前　野　　　隆
発行所　株式会社　文　眞　堂
東京都新宿区早稲田鶴巻町533
電　話　03（3202）8480
FAX　03（3203）2638
http://www.bunshin-do.co.jp/
〒162-0041　振替00120-2-96437

製作・真興社
© 2018
定価はカバー裏に表示してあります
ISBN978-4-8309-4982-1　C3034